하나님의 아들:
기독론의 발생과 유대교-헬레니즘 종교사

제2판

마르틴 헹엘 지음

이영욱 옮김

하나님의 아들:
기독론의 발생과 유대교-헬레니즘 종교사
제2판

지음	마르틴 헹엘
옮김	이영욱
편집	김덕원, 박진, 이찬혁

발행처	감은사
발행인	이영욱
전화	070-8614-2206
팩스	050-7091-2206
주소	서울특별시 강동구 암사동 아리수로 66, 401호
이메일	editor@gameun.co.kr

종이책

초판발행	2023.6.15.
ISBN	9791193155004
정가	22,000원

전자책

초판발행	2023.6.15.
ISBN	9791193155011
정가	16,800원

DER SOHN GOTTES: DIE ENTSTEHUNG DER CHRISTOLOGIE UND DIE JÜDISCH-HELLENISTISCHE RELIGIONSGESCHICHTE

2. AUFLAGE

MARTIN HENGEL

옮긴이의 일러두기

(1) 성경 인용은 보통 한글 개역개정판을 약간씩 수정하여 제시했고, 더러 그대로 사용한 경우도 있습니다.

(2) 인명/지명은 개역개정판을 따랐습니다.

(3) 한독병기 시 곡용/활용된 형태 그대로 병기합니다.

(4) 본서에서 사용된 기호 §는 이 책의 '장'을 가리킵니다.

(5) Urchristentum은 일반적인 번역어 '원시 기독교' 대신 '최초기 기독교'로 옮깁니다. '원시'에는 '시작'의 의미 이외에도, '열등한'의 뉘앙스를 주어 '진보를 이루지 못한 상태'를 의미할 수도 있기 때문입니다.

(6) 본서의 각주 및 참고 문헌의 서지 정보 양식/서식은 원서를 그대로 따릅니다. 특히, 대문자로 기록된 단어는 저자 이름을 뜻하며, 서명은 기울임 꼴을 사용하지 않았습니다.

(7) 본서의 수록된 색인의 쪽수에는 오차 범위(1쪽)가 있습니다.

(8) 각주, 참고 문헌에서 사용된 독일어/라틴어 용어와 그 의미는 다음과 같습니다.

- ab ~부터
- Anm. 각주
- ähnlich 유사하게
- besonders 특히
- Bd. 권(Vol.)
- DERS. 동저자
- f. 다음 쪽
- ff. 이하 쪽들
- hier 여기
- hrsg. v. ~의 편집
- loc. cit. 상게서(위에서 언급한 저서와 동일한 저서)
- nach ~에 따라
- Nachdruck 재판
- Nachtrag 부록
- Nr. 호(번)
- op. cit. 상게서와 동일 위치
- proem 서문
- S. 쪽

- s. 보라
- v. ~의
- vgl. 비교, 참조(문장 시작에 나온 Vgl.은 "참조"로 번역함)
- und 그리고
- u. ö. 또한 여러 차례
- Z. 행
- zitiert ~에서 인용

| 목차 |

초판 서문

이 연구는 1973년 5월 16일에 있었던 저의 튀빙엔대학교 취임 연설에 기초하고 있습니다. 이를 확대할 필요가 있었음에도 저는 그 강연의 구조와 논지는 그대로 유지하려고 노력했습니다.

이 책은 오늘날 뚜렷한 논쟁의 장이 되어 온 신약 기독론에 관한 비판적인 논의에 기여하도록 의도됐습니다. 저는 역사적인 학문과 신학적인—어떤 이들은 '교리적'이라고 부를—물음이 서로 풀 수 없는 모순 상태에 있어서는 안 된다는 점을 입증하는 데 관심을 가지고 있습니다. 신약 기독론의 신학적인 경향과 그 내적 일관성을 파악하지 못할 경우 역사가는 신약 기독론의 본질을 오해하게 되고, 최초기 기독교의 수십 년간의 기독론의 역사적 과정을 진지하게 고려하지 않은 교리적 접근은 고작 추상적인 사변으로 전락할 위험을 안고 있습니다. 역사 실증주의와 해석학적 관심이 신약학에서 대개 각자의 길을 가고 있는 이 시기에 역사적인 연구와 진리에 대한 신학적 탐구를 재결합하는 것은 대단히 중요합니다.

저는 원고를 타이핑해 준 코르델리아 콥쉬(Cordelia Kopsch)와 이를 검토해 준 안드레아스 니센(Andreas Nissen) 박사님, 그리고 원고를 섬세하게 교정해 준 헬무트 킨레(Helmut Kienle)에게 감사의 마음을 전합니다.

튀빙엔에서, 새해가 된 1975년에

마르틴 헹엘

제2판 서문

생각했던 것보다 빠르게 제2판이 필요하게 됐습니다. 여기서는 오탈자와 실수 들을 바로잡고 몇 가지를 보충했습니다. 책을 검토해 준 제 조교 헬무트 킨레(Helmut Kienle)에게 다시금 감사의 마음을 전합니다.

튀빙엔에서, 1977년 11월에

마르틴 헹엘

AAG	Abhandlungen der Akademie der Wissenschaften zu Göttingen
AAWLM.G	Abhandlungen der Akademie der Wissenschaften und der Literatur in Mainz, Geistes-und Sozial-wissenschaftlichen Klasse
AGAJU	Arbeiten zur Geschichte des Spätjudentums (Bd. 6-7: späteren Judentums, ab 8: antiken Judentimes) und des (ab Bd. 6) Urchristentums
AGSU	Arbeiten zur Geschichte des Spätjudentums und Urchristentums
AJTh	American Journal of Theology
ALGHJ	Arbeiten zur Literatur und Geschichte des helle-nistischen Judentums
AOAT	Alter Orient und Altes Testament
AThANT	Abhandlungen zur Theologie des Alten und Neuen Testaments
BBB	Bonner Biblische Beiträge
BEvTh	Beiträge zur Evangelischen Theologie
BGBE	Beiträge zur Geschichte der biblischen Exegese
BWANT	Beiträge zur Wissenschaft vom Alten und Neuen Testament
BZNW	Beihefte zur Zeitschrift für die neutestamentliche Wissenschaft

CSEL	Corpus Scriptorum Ecclesiasticorum Latinorum
EKK	Evangelisch Katholischer Kommentar zum Neuen Testament
ÉPROER	Études préliminaires aux religions orientales dans l'empire romain
EvTh	Evangelische Theologie
FRLANT	Forschungen zur Religion und Literatur des Alten und Neuen Testaments
fzb	Forschung zur Bibel
GCS	Die griechischen christlichen Schriftsteller der ersten drei Jahrhunderte
HAT	Handbuch zum Alten Testament
HNT	Handbuch zum Neuen Testament
HThK	Herders theologischer Kommentar zum Neuen Testament
HThR	Harvard Theological Review
HUCA	Hebrew Union College Annual
JAC	Jahrbuch für Antike und Christentum
JAOS	Journal of the American Oriental Society
JBL	Journal of Biblical Literature
JJS	Journal of Jewish Studies
JSJ	Journal for the Study of Judaism in the Persian, Hellenistic and Roman Period
KEK	Kritisch-exegetischer Kommentar über das Neuen Testament
MPTh	Monatsschrift für Pastoraltheologie

NF	Neue Folge
NovT	Novum Testamentum
NovTest	Novum Testamentum: An International Quarterly for New Testament and Related Studies
NTA	Neutestamentliche Abhandlungen
NTS	New Testament Studies
OTS	Oudtestamentische Studiën
PW	Paulys Realencyclopädie der classischen Altertumswissenschaft
PW, 2. R.	Paulys Realencyclopädie der classischen Altertumswissenschaft, Second Series, R to Z
RAC	Reallexikon für Antike und Christentem
RB	Revue Biblique
RÉG	Revue des Études Grecques
RGG	Religion in Geschichte und Gegenwart
RhMus	Rheinisches Museum für Philologie
RSR	Recherches de Science Religieuse
RVV	Religionsgeschichtliche Versuche und Vorarbeiten
SANT	Studien zum Alten und Neuen Testament
SNTS.MS	Society for New Testament Studies Monograph Series
StNT	Studien zum Neuen Testament
StPB	Studia Post Biblica
StUNT	Studien zur Umwelt des Neuen Testaments
SUNT	Studien zur Umwelt des Neuen Testaments
ThB	Theologische Bücherei

ThLZ	Theologische Literaturzeitung
ThQ	Theologische Quartalschrift
ThSt	Theologische Studien
ThWNT	Theologisches Wörterbuch zum Neuen Testament
ThZ	Theologische Zeitschrift
TPAPA	Transactions and Proceedings of the American Philological Association
TU	Texte und Untersuchungen
UNT	Untersuchungen zum Neuen Testament
VigChr	Vigiliae Christianae
VT	Vetus Testamentum
WdF	Wege der Forschung
WMANT	Wissenschaftliche Monographien zum Alten und Neuen Testament
WUNT	Wissenschaftliche Untersuchungen zum Neuen Testament
ZDPV	Zeitschrift des Deutschen Palästina-Vereins
ZNW	Zeitschrift für die neutestamentliche Wissenschaft
ZPE	Zeitschrift für Papyrologie und Epigraphik
ZThK	Zeitschrift für Theologie und Kirche

제1장
문제

주후 30년, 유월절 기간, 예루살렘에서, 갈릴리 출신의 한 유대인이 반모를 꾀한 메시아라는 이유로 십자가에 못 박혔다. 약 25년 후, 바리새파 바울은 자신이 로마 식민지 빌립보에 세운 메시아 분파 공동체에 보내는 편지에서 한 찬가를 인용하여 이 십자가에 달린 자를 노래했다.

그는 근본 하나님의 본체시나

하나님과 동등됨을 취할 것으로 여기지 아니하시고

오히려 자기를 비워

종의 형체를 가지사

사람들과 같이 되셨고

사람의 모양으로 나타나사

자기를 낮추시고 죽기까지 복종하셨으니

곧 십자가에 죽으심이라. (빌 2:6-8)

수치스럽게 죽음을 맞이한 한 유대인 국사범과 이렇게 처형
당한 자를 (종의 형체를 가지고 죽기까지 복종한) 선재했던 신으로
고백하는 것 사이의 모순—내가 아는 한 고대 세계에 이와
유사한 것은 없다—은 최초기 기독론의 발생이 난해했을 것
임을 보여준다.[1] 바울은 주후 49년경에 빌립보교회를 세웠

---

1.   참조, "기독론의 주요 문제"에 관한 M. DIBELIUS, RGG² I. 1593: 문
     제는 "예수의 역사적인 모습에 대한 지식이 매우 빠르게 천상의 하나
     님 아들에 대한 믿음으로 바뀌었다는 것이다." 빌립보서 찬가를 다루
     고 있는 풍성한 문헌들을 위해서는 다음을 보라. J. GNILKA, Der
     Philipperbrief. HThK X,3, 1968, 111-147; 상세한 참고 문헌들을 가지
     고 있는, R. P. MARTIN, Carmen Christi. Phil. II.5-11 in Recent
     Interpretation …, SNTS.MS 4, 1967. C.-H. HUNZINGER, Zur
     Struktur der Christus-Hymnen in Phil 2 und 1. Petr 3, in: Der Ruf
     Jesu und die Antwort der Gemeinde. Festschrift für J. Jeremias,
     1970, 145-156; K. WENGST, Christologische Formeln und Lieder
     des Urchristentums, StNT 7, 1972, 144ff.; 참조, CH. H. TALBERT,
     JBL 86 (1967), 141ff.; J. A. SANDERS, JBL 88 (1969), 279ff.; J. T.
     SANDERS, The New Testament Christological Hymns, SNTS.MS 15,
     1971, 9ff. 58ff. 특별한 문제들에 대해서는 다음을 보라. J. G. GIBBS,

고, 약 6-7년 후 거기에 있는 신자들에게 보낸 편지에서 자신
이 공동체를 세울 때 주었던 가르침과 완전히 일치하는 그리
스도를 소개했다. 이는 40년대에 이미 '십자가에 달린 자에
대한 신격화'가 완성됐다는 것과 (십자가 사건 이후) 20년이 채
지나기도 전에 기독론과 관련하여 이루어진 것이 고대 교회
의 교리가 완성되기까지 7세기 동안 이루어진 것보다 더욱
크다는 것을 의미한다. 실제로 우리는 필연적으로 그리스의
언어와 사상으로 형성된 고대 교회의 교리가 기본적으로 최
초기, 곧 첫 20년 동안 발생한 견해를 단순히 발전시키고 완

NovTest 12 (1970), 270ff.; P. GRELOT, Biblica 53 (1972), 495ff.; 54
(1973), 25ff. 169ff.에서는 이중 언어 환경의 기원을 추측한다; J. CAR-
MIGNAC, NTS 18 (1971/72), 131ff.; C. SPICQ, RB 80 (1973), 37ff. 나
는 최근에, H.-W. BARTSCH, Die konkrete Wahrheit und die Lüge
der Spekulation, Theologie und Wirklichkeit 1, Frakfurt/Bern 1974
에서 제기된 해석을 무모한 것으로 여긴다. 그는 그 찬가에 나타난 바,
선재하는 그리스도를 부인하고, 찬가 첫 부분을 단지 인간 예수를 지
칭하는 것으로 받아들인다. 여기에는 안타깝게도 역사적 진실이 드러
나지 않으며, 도리어 이데올로기에 동화되고 환상에 극도로 의존한
사색만이 존재할 뿐이다. 신약 해석이 최근의 정치적-신학적 풍조를
따를 때 기대할 수 있는 바가 그러한 연구에서 분명하게 드러난다. 그
연구에 반박하는 것은, O. HOFIUS, Der Christushymnus Philipper
2,6-11, WUNT 17, 1976으로, 이는 1973년 5월 16일에 있었던 나의 튀
빙엔대학교 취임 강연으로 거슬러 올라간다. M. HENGEL, Studien
zur Christologie, Kleine Schriften IV, WUNT 201, 2006, VII 서문을
보라.

성시킨 것은 아닌지 의문을 품어볼 수 있다.[2]

---

2. 연대를 위해서는, W. G. KÜMMEL, Einleitung in das Neue Testa-
    ment, [17]1973, 217ff. 282ff.: 공동체 설립 48/49년; 291: 이 편지는 53년
    에서 55년 사이에 에베소에서, 또는 56년에서 58년 사이에 가이사랴
    에서 기록됐다. J. GNILKA, Der Philipperbrief, 1968, 3-4. 24은 그 공
    동체 설립 연도가 50년일 "가능성이 높으며" 편지의 첫 번째 부분이
    55-56년에 에베소에서 기록됐을 것으로 추정한다. 1-2년의 차이는 여
    기에서 큰 문제가 아니다. A. PLASSART, Fouilles de Delphes, Tome
    III: Épigraphie, Fascicule IV, N°s 276 à 350, Paris 1970, N° 286 S.
    26ff.를 통해 출판된 갈리오-비문(Gallio-Inschrift)은 더욱 앞선 연대
    를 말해주는 듯하다; 참조, DERS., RÉG 80 (1967), 372-378과 J. H.
    OLIVIER, Hesperia 40 (1971), 239-240. 전체적인 나의 연구에 관해
    서는 다음을 보라: Christologie und neutestamentliche Chronologie,
    in: Neues Testament und Geschichte. Festschrift für O. Cullmann
    zum 70. Geburtstag, Zürich/Tübingen 1972, 43-67.

제2장
비판

    물론 현대의 비판은 그 지점에서 시작한다. 아돌프 폰 하르낙(Adolf von Harnack)은 그러한 발전을 가리켜 "교리 안의 선재하는 그리스도가 역사적 그리스도를 억압한 역사(곧, 사상 속의 그리스도가 실제 그리스도를 억압한 역사)"라며 심히 개탄했다. "그리스도의 외적 모습을 부요하게 만든 것은 그리스도의 완전한 인성을 실제로 지워버린 것이었기에 결국 빈곤함을 가져온 것과 진배없었다."[1] 하르낙은 『기독교의 본질』에

---

1.   Lehrbuch der Dogmengeschichte, [4]1909 (Nachdruck Darmstadt 1964), I, 704. 705.

서 바울을 "서구 기독교 문명"의[2] 창시자로 높이면서도, 동시에 바울에게 다음과 같은 위험 요소들이 있음을 이야기했다. "바울은 메시아 교리의 인도를 받고 그리스도가 주는 인상에 영향을 받아 … 하나님이 그리스도 안에 계실 뿐 아니라 그리스도가 천상의 독특한 존재라는 것을 사변적으로 다루었다. … 그리스도의 **현현/나타나심**, 곧 신적 존재가 이 세상에 들어왔다는 것은 그 자체로 주요한 사건이자 구원의 사실로 간주됐다." 정확히 말하자면, 이는 아직 바울에게 해당될 만한 진술이 아니다. 바울에게는 십자가와 부활이 중심적인 사건이었으며, 성육신은 "우리 행위의 모범"으로서 도덕적으로 해석될 수 있었기 때문이다(고후 8:9). 하지만 성육신이라는 것은 "너무나도 큰 사건이었기에, 오랫동안 이차적인 위치에 머무를 수는 없었다." 그렇게 성육신이 "첫 번째 위치를 점하게 되자 사람들의 마음과 관심을 복음으로부터 다른 곳으로 돌리게 하여 복음 자체를 위협했다. 교리사에 비추어 볼 때 이러한 사실을 누가 부정할 수 있겠는가?"[3] 하지

---

2. Das Wesen des Christentums, [4]1901, 112.
3. Op. cit. 116, vgl. 114f. 바울 기독론의 "위험" 요소에 "물적인 구원"(objektiven Erlösung) 교리를 귀속시킨다. 이에 대해서는, K. BARTH/E. THURNEYSEN, Briefwechsel, Bd. 2: 1921-1930, 1974, 36: "나는 다른 두 사람(C. STANGE와 E. HIRSCH)에 의해 내가 '물

만 이는 신앙이 교리에 의해 경화(硬化, Erstarrung)됐음을 의미
했다. "살아있는 신앙이 신앙 고백으로, 그리스도에 대한 헌
신이 기독론으로 변한 것같이 보인다."[4] 이러한 하르낙의 비
판적 견해들은 최근 개신교계의 전형적인 기독론 사상으로
여겨진다. 그런 '사변으로의 발전(progressus)'의 맞은편에는
기독론적 사색에 영향을 받지 않은, 단순한 예수의 복음으로
'회귀'하자는[5] 요구가 있었다. 다시 하르낙의 언어로 표현하

   리적 구원 교리'(physische Erlösungslehre)를 가지고 있는 것이 아니
   냐고 의심받았는데, 이는 이 세대 가운데 우리가 말할 수 있는 가장
   최악의 것이라 할 수 있다.

4.   Op. cit. 121.

5.   참조, Lehrbuch der Dogmengeschichte, I, 704 (저자의 따옴표 표시)
   및 Das Wesen des Christentums 115: "그리스도에 속한/대한 올바른
   교리라는 것이 복음의 초점을 뒤로 밀어버리도록 위협했고, 복음의
   존엄성과 단순성을 변질시켰다." 여기에서 HARNACK은 바울의 기
   독론이 공관복음보다 연대기적으로 더 오래됐다는 사실을 "단순성"
   측면에서 설명하지 못한다. "본래의 복음"은 HARNACK이 생각했던
   것만큼 그렇게 "단순"하지 않았을 것이다. 세계의 심판자로서 장차 올
   사람의 아들에 대한 예수의 선포에는 이미 매우 "사변적"이고 묵시적
   인 메시아 사상이 포함되어 있지 않은가? 이러한 천상의 인물에 대한
   언급 안에 최초기 신학의 첫 "사변적인" 타락이 이미 놓여 있었던 것
   인가? 아주 최근의 해석들에서는 그러한 묵시론적 그림자로부터 부
   분적으로 예수의 최초 선포를 찾아내려고 하는데 이는 이해할 만하
   다—그렇더라도 그러한 시도는 여전히 변증적이다. 이를 통해 예수의
   선포는 더욱 현대적 모습을 띠게 되겠지만, 그렇다고 해서 더 진정하
   다고 할 수는 없다.

자면, '복음에 속한 것은, 예수가 선포한 바와 같이, 아들이
아니라 오직 아버지'였기 때문이다.[6]

이러한 비판은 **유대교 학자들**의 비판과 동일하다. 현대
유대교 연구에서는 예수를 갈릴리 사람으로서 재발견하고
유대교라는 '집으로 다시 들여오려는' 노력이 이루어졌다.
반대로 교부들의 어긋난 신념은 바울에게서 시작됐다. 이에
대한 예로 우리는 에를랑엔의 종교철학자 H.-J. 쉡스(Schoeps)
의 바울상을 생각해볼 수 있다. "[예수의] 메시아 모습을 반영
하여, 존귀한 칭호로부터 존재론적 진술을 만들어내고, 이를
신화적인 사고방식으로까지 격상시킨 것은 바로 바울이었
다."[7] 바울에게 있어서 "그리스도는 … 초자연적인 존재가 됐
으며 이는 영지주의에서 말하는 천상의 존재와 유사했다. …
이 천상의 그리스도가 역사적인 예수를 완전히 흡수했던 것
같다. … 여기에서 아주 명료하게 드러나는 신화는 이교적인
영역",[8] 정확히 말하자면 "소아시아의 종교 혼합주의를 가리
키고 있다."[9] 쉡스의 판단은 철저하고 분명하다: "우리는 '하

---

6.   Das Wesen des Christentums 91 (저자의 따옴표 표시).

7.   H.-J. SCHOEPS, Paulus. Die Theologie des Apostels im Lichte der
      jüdischen Religionsgeschichte, 1959, 154.

8.   Op. cit. 157.

9.   Op. cit. 165. SCHOEPS는 이와 관련하여 헬레니즘 시대에는 헤라클

나님의 아들'(υἱὸς θεοῦ)을 믿는 신앙 안에서 ⋯ 바울 사상의 불가피하지만 결정적인 이교적 전제를 보게 된다. 바울과 관련된 모든 것들은 ⋯ 비유대적이며, 이교적인 시간관(Zeitvorstellung)으로 인도한다."[10] 바울의 기독론과 구원론이 이 "하나님의 아들에 대한 비유대적 신앙"과 결부되어 "기독교의 교리"가 됨으로써 끊임없이 유대 신앙의 틀을 파괴해 왔다. 쉡스는 하르낙의 판단을 언급하면서 결론을 맺는다: "당시 상당히 논쟁적이었던 **기독교의 급속한 헬레니즘화**는 이 지점에서 확인될 수 있다."[11]

레스로 경배를 받은 타르수스(다소)의 도시 신, 산돈의 영향을 받았다는 오래된 가설을 주지시킨다. 이에 대한 비판을 위해서는 훌륭한 논의가 담긴, A. D. NOCK, Gnomon 33 (1961), 583 Anm. 1 = DERS., Essays on Religion and the Ancient World, 1972, II, 930 Anm. 5을 보라. 산돈-헤라클레스가 죽었다가 부활한 신이었다는 가설은 심히 의심스럽다. 또한 H. GOLDMAN, JAOS 60 (1940), 544ff.와 Commemorative Studies in Honor of Theodore Leslie Shear, Hesperia Suppl. 8, 1949, 164ff. J. ZWICKER, Art. Sandon, PW 2. R. 1,1920, 2267은 이미 "다양하고 불확실한 해석으로 (인도하는)", "산돈의 존재에 대한 우리의 빈약한 지식"을 강조한 바 있다. 이 외에, 행 22:3, 26:4, 빌 3:5, 갈 1:13f.에 따라 바울이 아주 어렸을 때 예루살렘으로 이사하여 거기에서 교육받았을 가능성도 고려해야 한다. W. C. VAN UNNIK, Sparsa Collecta I, Leiden 1973, 259-327.

10. H.-J. SCHOEPS, op. cit. 163. (저자가 강조함).

11. Op. cit. 173. 참조, Aus frühchristlicher Zeit, 1950, 229: "내 견해에 따르면, 최초기 유대교-기독교 공동체에 생소했던 하나님의 아들(υἱὸς

이 기독론 교리 비판을 가지고 **개혁 유대교**(Reformjudentum)**와 자유주의 개신교의 만남**을 계속해서 추구하는 것은 매혹적일 수도 있겠지만,[12] 책임감 있는 신학자, 역사가, 주석

θεοῦ) 신앙은 어떤 유사한 추측/사변으로도 유대 사상이라고 증명해 낼 수 없다." 이 주장—앞으로 드러나겠지만—은 틀렸다. H.-J. SCHOEPS는 여기서 기독교 이후 시대에 기독교와 끊임없이 대립 관계에 있었던, 바리새주의로부터 발전해 온 "유대교"를 규범적 개념으로 삼는다. 참조, G. LINDESKOG, Die Jesusfrage im neuzeitlichen Judentum, 1938, 15. 이때, 많은 유대 역사가들이 변증적인 차원에서 억압됐던 것처럼, **유대 신비주의 현상**은 크게 주목받지 못했다(본서 제7장 각주 5번을 보라). SCHOEPS가 인용한 논문, A. MARMORSTEIN, The Unity of God in Rabbinic Literature, in: Studies in Jewish Theology, Oxford 1950, 101ff. (vgl. 93ff.)은 바로 후대의 이 유대교-기독교 대립 관계를 반영하고 있다.

12. 바울과 대립되는 이 지점은 '예수를 유대교라는 집으로 다시 들여오려는' 것과 평행된다. 이에 대해서는 두 개의 작품, JOSEPH KLAUSNER, Jesus von Nazareth, Jerusalem ³1952와 Von Jesus zu Paulus, Jerusalem 1950을 보라. 또는 새로운 연구인 SCHALOM BEN-CHORIN, Bruder Jesus, ³1970과 Paulus, 1970을 보라. 참조, L. BAECK, Romantische Religion (1922), in: Aus drei Jahrtausenden, 1958, 47ff.와 더욱 적극적인 것은, The Faith of Paul, JJS 3 (1952), 93-110 (= Das Paulusbild in der neueren deutschen Forschung, WdF 24, 1964, 565-590)과 M. BUBER, Zwei Glaubensweisen, 1950, 79ff. 더하여, R. MAYER, Christentum und Judentum in der Schau Leo Baecks, Studia Delitzschiana 6, 1961, 58-64. KLAUSNER에서 SCHOEPS에 이르는 작품들에 반대되는 바, 유대교의 입장을 철저하게 보호해주는 BEN-CHORIN의 작은 책은 바울에 대한 가장 깊은 이해를 보여주며, 무엇보다도 바울 사상의 유대교적 뿌리를 인지하고

가라면 오늘날에도 흔하게 회자되는, "교리에 대한 진정한 비판은 그것의 역사다"라는 D. F. 슈트라우스(Strauß)의 말에 더 이상 만족할 수 없을 것이다. 오히려 슈트라우스는 최초기의 신앙을 통해 창조된 표현들과 개념들을 그 역사적인 기원에 비추어 분석하고 더불어 신학적으로 이해하고 해석하는 데에도 부단히 노력해야 했다.[13] 그리고 그러한 과제에는 지금까지 언제나 있어왔던 비판들에 대한 비판적인 검토가 포함된다.

있다: "아주 일반적으로 이렇게 말할 수 있다. 바울은 의식적이든 무의식적이든 유대교로부터 자신의 신학 건물을 짓기 위해 건축용 자재들을 넘겨받았다. 바울 신학의 이러한 견고한 건축물에는 유대적이지 않은 요소가 거의 없다. 때로는 완전히 다르고 새롭고 생소한 것이 나타나는 것처럼 보이지만, 자세히 들여다보면 급작스럽게 유대교의 반대편에 서는 것처럼 보이는 곳에서도 바울의 사상 세계의 유대적 배경이 드러난다"(S. 181). 참조, 심리학적인 면에 천착하여 해석한 연구서는, R. L. RUBINSTEIN, My Brother Paul, New York etc. 1972.

13. K. BARTH/E. THURNEYSEN, (본서 제2장 각주 3번), 253f. 고대 교회의 삼위일체 교리에 대해서는 다음을 보라: "사랑하는 형제 여러분, 얼마나 혼란스러운지요! 오래된 것이 잡동사니일 뿐이라고 생각하지 마십시오. 빛이 비추면 모든 것은 저마다 선한 의미를 드러내게 될 것입니다."

제3장
바울서신의 증거

최초기 기독교에 대한 우리가 가지고 있는 가장 초기의 증거, 곧 실제로 바울이 썼다고 인정되는 편지들을 가지고 시작해보자! 순수하게 통계로만 평가하자면 '하나님의 아들'이라는 칭호가 바울에게 있어 중심적인 의미를 가지고 있다는 쉡스의 견해는 반박되는 것처럼 보인다. 바울은 특히 예수가 하늘 위로 높여졌다고 언급하면서 완전히 상이한 두 칭호, 곧 '주'와 '하나님의 아들'을 모두 사용하는데, '주'(Kyrios)는 184회 사용되는 반면, '하나님의 아들'(υἱὸς θεοῦ)은 단지 15회만 사용된다! 이 두 개념이 분포되어 있는 것도 눈에 띈다. '하나님의 아들'은 유대 전통과 가장 큰 갈등을 보이는 로마서에서 7회, 갈라디아서에서 4회로 가장 빈번하게 나타나며, 당시 실제로 '급속한 헬레니즘화'의 위협을 받고 있었던 고린도교회에 보내는 두 편지에는 '하나님의 아들'이라는 표현이 단지 3회만 등장한다. 고린도교회는 이 새로운 소식을 그리스적인 방식의 위험, 곧 영지주의적 가르침이 아니라 '디오뉘소스-신비주의적' 구원 가르침으로 해석—바울의 자유에 대한 가르침을 잘못 해석하면서—할 위험에 놓여 있었다.

크라머(Kramer)는 가장 최근에 바울의 기독론 경칭들(Hoheitstiteln)을 연구했는데, '통계' 자료와 양식사적 분석을 근거로 쉡스와는 전혀 다른 결과에 이르렀다.

1. "하나님의 아들 칭호와 표현은 바울에게 있어 단지 부차적인 개념이다."

2. 그리고 바울은 이 개념을 통상 과거 전통에 각인된 형식으로부터 물려받아 사용하는데, 이때 "본래의 의미는 이미 퇴색됐다."[1]

이는 바울 이전의 초대 교회에 이미 기독론의 사변적 '헬레니즘화'라는 '변질'이 있었음을 의미할 것이다!

따라서 '하나님의 아들 칭호'의 종교사적 기원에 대한 어

1.　　W. KRAMER, Christos, Kyrios, Gottessohn, AThANT 44, 1963, 189. 185.

려운 문제를 다루기에 앞서, 우리는 먼저 크라머의 두 가지
주장을 검토해볼 필요가 있다. 첫째로 바울에게 있어 그 칭
호의 의미를 살펴보자.[2] 이 문제는 단지 단어의 통계뿐 아니
라 바울서신의 테두리 안에서 그 칭호가 사용된 문맥에도 달
려있다. 로마서 서론부에 이 단어가 세 차례 나타나며, 이것
으로 바울이 자신의 복음의 내용을 설명하고 있다는 것은 눈
여겨볼 만하다(1:3, 4, 9). 또한 로마서의 절정인 8장에서 다시
세 차례 나타나는데, 핵심을 한 문장으로 요약하면 다음과
같다. "하나님의 아들"이 우리를 하늘의 "영광"(δόξα)에 참여
하는 "하나님의 아들들"이 되게 하신다(8:3, 29, 32).[3] 이는 그
칭호가 바울에게 있어 사변적인 것이 아니라 전면에 구원의
의미를 가지고 있었음을 보여준다. 갈라디아서도 이와 동일
한 인상을 전한다. 하나님의 아들은 이 편지 서두에서 바울

---

2. 참조, E. SCHWEIZER, Art. υἱὸς θεοῦ, ThWNT VIII, 1969, 384ff.; J.
   BLANK, Paulus und Jesus, SANT 18, 1968, 249-303; W. THÜSING,
   Per Christum in Deum, NTA NF 1, ²1969, 144-147.

3. 무엇보다도 롬 8:29f.; 참조, 빌 3:21. 이에 대해서는, J. BLANK, op.
   cit. 287ff.; H. R. BALZ, Heilsvertrauen und Welterfahrung, BEvTh
   59, 1971, 109ff. KRAMER에 대한 비판을 위해서는 110 Anm. 246을
   보라. 그는 "바울의 아들-진술의 틀을 너무 좁게 설정하고 있다." 참
   조, 또한 W. THÜSING, op. cit. 121ff.와 P. SIBER, Mit Christus leben,
   AThANT 61, 1971, 152ff.를 보라. 바울은 전통적으로 각인된 개념을
   확고하게 가지고 있다.

의 급진적인 삶의 변화와 관련하여 등장한다.

> 그러나 내 어머니의 태로부터 나를 택정하시고 그의 은혜
> 로 나를 부르신 이[하나님]가 **그의 아들**을 이방에 전하기 위
> 하여 그를 내 속에 나타내시기를 기뻐하셨을 때에 …. (갈
> 1:15-16)

이때 바울은 하나님의 아들을 **자기가 전하는 복음의 본래 내
용**으로 묘사한다.[4] 이에 상응하여 이 칭호는 갈라디아서의
핵심부—로마서와 유사하게—에 나타난다.

---

4.   J. BLANK, op. cit. 222ff.: "계시의 '내용'은 '하나님의 아들'로서 죽음
      에서 부활한 예수 그리스도다"(229); 참조, 249. 255. 비슷하게, H.
      SCHLIER, Der Brief an die Galater, KEK 7[12], [1]1962, 55: "바울에게 주
      어진 하나님의 계시는 인격적 대상을 가지고 있다. 곧, 하나님은 자신
      의 아들을 그에게 드러내셨다. 이때 [아들은] 높여진 주로 간주된다."
      P. STUHLMACHER, Das paulinische Evangelium. I. Vorgeschichte,
      FRLANT 95, 1968, 81f.는 이 아들의 계시를, "부활하신 분이 하나님
      에 의해 보좌에 앉아, 통치를 위해 하나님의 아들로 임명된 일을 드러
      내는 것"으로 정의한다; 참조, DERS., ZThK 67 (1970), 30. 여기에서
      하나님의 아들과 초기의 고백과의 관계는 롬 1:3f.에 나타난다. '엔 에
      모이'(ἐν ἐμοί)의 여격 이해를 위해서는, F. MUSSNER, Der
      Galaterbrief, HThK IX, 1974, 86f. Anm. 45을 보라.

때가 차매 **하나님이 그 아들**을 보내사 여자에게서 나게 하
시고 율법 아래에 나게 하신 것은 율법 아래에 있는 자들[노
예 된 자들]을 속량하시고 우리로 아들의 명분을 얻게 하려
하심이라. (갈 4:4-5)[5]

이 문장의 핵심 역시 구원론적인 것이 분명하다. '하나님의
아들'은 우리를 자유하게 하여 '하나님의 아들들'이 되게 하
신다.

이러한 판단은 고린도후서의 시작부에 있는 전혀 다른
본문을 통해 입증된다.

하나님은 미쁘시니라! 우리가 너희에게 한 말은 '예' 하고
'아니라' 함이 없노라. … 너희 가운데 **전파된 하나님의 아**
들 예수 그리스도는 '예' 하고 '아니라' 함이 되지 아니하셨
으니, 그에게는 '예'만 됐느니라! (고후 1:18-19)

---

5. 참조, E. SCHWEIZER, ThWNT VIII, 385f.; J. BLANK, op. cit. 260-
278; W. THÜSING, op. cit. 116ff.; G. EICHHOLZ, Die Theologie des
Paulus im Umriß, 1972, 157ff.; F. MUSSNER, op. cit. 268ff.: "아들이
보내진 것에는 분명 구원의 목적이 있다"(270); 273: "아들은 우리를
위한 완전한 아들이다." 바울은 "사변적인 이유가 아니라 … 구원론적
목적을 위해 … 아들 기독론"을 사용한다.

여기에서도 역시 바울이 전한 소식의 내용은 '하나님의 아들'이다. 아들 칭호는—바흐만(Bachmann)이 자신의 주석에서 언급한 것과 같이—'아들이 아버지에게 소속되어 있음'을 강조할 때에 한하여 엄격하게 사용된다. 인간이 된 그리스도 안에서 하나님의 '예'(Ja: 영어로는 Yes—역주)는 잃어버린 사람들에게 분명하게 전해진다: "모든 하나님의 약속이 그를 통하여 '예'가 됐기 때문이다"(1:20). 그런데 그 아들을 통해 '예'가 모든 사람들에게 이루어졌기에, 이 공동체는 '그를 통해' 하나님의 영광을 위한 기도를 아멘의 '예'로 마무리하면서 확신을 가질 수 있다.

이 아들은 또한 고린도전서에서도 편지 전반부에 한 차례(1:9) 나오고, 절정인 15:28에도 나타난다. 모든 일이 끝날 때, 그리스도의 재림과 모든 이들의 부활을 통해 마지막 권세인 죽음까지도 정복될 때, "그때에 **그 아들** 자신도 만물을 복종하게 하신 하나님께 복종할 것이다. 이는 하나님이 만유의 주로서 만유 안에 계시기 위함이다."[6] 이렇게 바울은 아들

---

6.   이 구절의 대한 해석사는 고대 교회의 기독론 연구를 위해 매우 중요하다. E. SCHENDEL, Herrschaft und Unterwerfung Christi. 1. Korinther 15,24-28 in Exegese und Theologie der Väter bis zum Ausgang des 4. Jahrhunderts, BGBE 12, 1971을 보라.

용어를 단지 자신의 설교의 내용으로서 선재하신 구원자나 인간이 된 세상의 구원자의 의미뿐 아니라 창조와 역사의 완성자 의미로도 사용한다. 바로 이것을 바울은 가장 초기 저작인 데살로니가전서 1:10에서 이야기한다. 거기서, 아들은 하늘로부터 올 것이 기대되면서, "장래의 노하심에서 우리를 건지실 분"으로 묘사된다.[7]

바울이 사용하는 거의 모든 하나님의 아들 표현은 **예수 그리스도와 하나님 사이의 밀접한 관계를 말할 때, 하나님과 인간 사이의 '구원의 중보자'로서의 기능을 말할 때** 매우 두드러지게 사용된다. 그렇기에 우리는 '하나님의 아들'이—'믿다'는 동사와 비슷하게—요한문헌보다도 바울서신에서 훨씬 더 드물게 나타나기는 하지만, 크라머에 반대하여 "진술의 절정부에서 이 표현을 발견할 수 있음"을 인지했던 종교사학파의 옛 스승인 W. 부세트(Bousset)의 편을 들 수 있다. 부세트는 누가까지도 불러낸다: "사도행전 저자가 '하나님의 아들'(ὁ υἱὸς τοῦ θεοῦ)을 사용했던 유일한 곳은 바로 바울의 설교

---

7.   참조, G. FRIEDRICH, ThZ 21 (1965), 512ff.와 E. SCHWEIZER, ThWNT VIII, 372. 384은 계 2:18b를 가리키면서, 여기의 "하나님의 아들"이 사람의 아들에 대한 표현으로 도입됐다고 추측한다. 이 대체(Substitution)가 언제/어디서 발생했는지는 의문스럽다.

를 개요하는 부분이다(9:20)."[8]

우리가 하르낙과 쉡스와 마찬가지로 부세트와 종교사학
파가 말하는 바, 바울에게 있어서의 아들 칭호의 중요성에
동의할 수는 있겠지만, "아들 칭호를 바울의 독립적인 창작
물"로 다루는 부세트의 가설을 신뢰하기는 어렵다.[9] 바울이
이 칭호를 옛 전승으로부터 물려받았다는 것은 양식사와 전
승사 분석을 통해 오래전부터 드러나고 있다. 이는 이미 바
울이 그 칭호를 대략 주후 32년과 34년 사이에 있었던 소명
사건과 결부시키고 있다는 사실로 입증된다.[10] 무엇보다도
바울이 (추정컨대 시리아에서) 이전 공동체 내지 바로 당대 공동
체로부터 계승했을 수 있는, 다음과 같은 두 개의 서술 형태
가 중요하다.

1. **선재하는 아들을 세상으로 보냄.** 우리는 로마서 8:3과
갈라디아서 4:4에서 바로 그와 같은 구문 형식을 발견할 수
있다. 주어는 하나님이며, 여기에 '보내다'라는 동사가 뒤따

---

8.   W. BOUSSET, Kyrios Christos, [2]1921 (Nachdruck 1965), 151.
      KRAMER의 주장에 대한 비판을 위해서는 또한, J. BLANK, op. cit.
      283f.; 참조, 300ff.

9.   W. BOUSSET, loc. cit.

10.   M. HENGEL, (본서 제1장 각주 2번), 44. 61f. = DERS., Studien zur
      Christologie (본서 제1장 각주 1번), 28. 45f. 여기서 1-2년의 차이는 그
      다지 중요하지 않다.

른다. 이때 목적어는 아들이며, 여기에 '히나'(ἵνα)로 시작하는 목적절(Finalsatz)이 연결되어 보냄의 구원론적 의미가 설명된다. 우리는 이와 같은 문장 구조로 형성된 동일한 표현을 요한의 저술들(요 3:17; 요일 4:9, 10, 14)—바울의 전통에 의존하지 않은—안에서 여러 차례 발견할 수 있다. 반면 신학적인 설명들(죄와 율법의 권세로부터 자유하게 되는 것, 믿는 자들이 하나님 자신의 아들 관계로 편입되는 것)은 전통으로부터 물려받은 것이 아니라 바울 고유의 것이다.[11]

　2. **아들을 죽음에 내어줌.** 사도 바울은 로마서 8:32에서

11.　W. KRAMER, op. cit. 105ff.; E. SCHWEIZER, Zum religions-geschichtlichen Hintergrund der 'Sendungsformel' Gal 4,4f., Rö 8,3f., Joh 3,16f., 1. Joh 4,9, ZNW 57 (1966), 199-210 = DERS., Beiträge zur Theologie des Neuen Testaments, Zürich 1970, 83-95; DERS., ThWNT VIII, 376ff. 385f.; DERS., Jesus Christus im vielfältigen Zeugnis des Neuen Testaments, Siebenstern-Taschenbuch 126, 1968, 83ff. K. WENGST, Christologische Formeln (본서 제1장 각주 1번), 59 Anm. 22의 "보냄 형식"의 존재에 대한 반대는 설득력이 없다. H. v. CAMPENHAUSEN, ZNW 63 (1972), 231 Anm. 124의 경고에 따라, "형식을 갈망하는 히드라(Hydra: 그리스 신화에 등장하는 머리가 9개 달린 괴물로 머리 하나를 잘라내면 두 개의 머리가 생겨난다—역주)"가 "계속 증식하는 머리들"이 다시 자라나지 않도록 하기 위해, "형식"(Formel)이라는 용어의 사용을 삼가더라도, 내 생각에 여기에서 그것의 사용은 정당화되는 것 같다. 또한 F. MUSSNER, Galaterbrief (본서 제3장 각주 4번), 271ff.: "다양한 자료로 채워져 있는 바울 이전의 선포 형식(Verkündigungsschema)은 …"(272).

명료한 대단원의 고백을 시작한다.

> 자기 아들을 아끼지 아니하시고 우리 모든 사람을 위하여
> 내주신 이가 어찌 그 아들과 함께 모든 것을 우리에게 주시
> 지 아니하겠느냐?

이것은 한편으로 희생 제물 이삭에 관한 구약의 보도를
상기시키며,[12] 더불어 우리는 요한복음의 유명한 한 구절에도
나타나는 확고한 도식을 다시금 발견하게 될 것이다(3:16).

> 하나님이 세상을 이처럼 사랑하사 독생자를 주셨으니 ….

갈라디아서 2:20에서 바울은 더 이상 하나님이 아닌, 이

---

12. ὅς γε τοῦ ἰδίου υἱοῦ οὐκ ἐφείσατο; 참조, 창 22:12, 16 LXX: καὶ οὐκ
ἐφείσω τοῦ υἱοῦ σου τοῦ ἀγαπητοῦ δι' ἐμέ. 참조, Liber Antiquitatum
Biblicarum 18,5; 32,2ff. J. BLANK, op. cit. 294ff.와 E. KÄSEMANN,
An die Römer, HNT 8a, 1973, 237; 유대교의 평행 본문들과 롬 8:32
와의 관계에 대해서는, G. VERMES, Scripture and Tradition in
Judaism, ²1973, 193-227 (218ff.); SH. SPIEGEL, The Last Trial. On
the Legends and Lore of the Command to Abraham to offer Isaac as
a Sacrifice: The Akedah, New York 1969, 82ff. vgl. 83 Anm. 26. 랍비
힐키아스의 이름으로 벌인 랍비 아빈의 반기독교적 논쟁(Aggadat
Bereshit, cap. 31, ed. BUBER, S. 64).

러한 내어줌의 주체인 아들에 관하여 말한다.

> 이제 내가 육체 가운데 사는 것은 나를 사랑하사 나를 위하
> 여 자기 자신을 버리신 하나님의 아들을 믿는 믿음 안에서
> 사는 것이라.

이 아들 칭호는 구원 사건의 독특성과 우리를 위한 희생의 거대함을 보여준다. 또한 이 점과 관련해 우리는 다시 요한문헌과 평행되는 지점을 발견할 수 있다. 그때 아들 칭호는 동반되지는 않지만 말이다(요 10:11; 15:13; 요일 3:16).[13] 이렇게 뚜렷하면서도 아마도 바울 이전에 존재했었던 하나님의 아들 표현들은 기본적으로 두 개의 상보적인 중심점을 가지고 있다.

1. 선재하는 아들을 세상에 보냄.
2. 아들을 십자가의 죽음에 내어줌.

---

13. 롬 8:32과 갈 2:20의 상투적인 형식에 대해서는, W. KRAMER, op. cit. 112ff.; 참조, 그렇지만 내 생각에 W. POPKES, Christus Traditus, AThANT 49, 1967, 201ff.의 비판은 충분하지 않다. E. SCHWEIZER, ThWNT VIII, 386; J. BLANK, op. cit. 298ff.와 F. MUSSNER, Galaterbrief (본서 제3장 각주 4번), 50f. 183 Anm. 77.

우리는 이 두 모티프를 본서 시작에 인용했던 빌립보서에서 만날 수 있다. 거기에는 선재하는 신적 존재와 인간이 된 자의 종으로서의 죽음이 결부되어 있는데, 다만 하나님의 아들 칭호는 등장하지 않는다. 십자가에 달린 자는 마지막에 높여지면서 "주"(Kyrios)로 칭송된다. 이는 '주' 칭호가 '하나님의 아들'과 더불어 사용될 수 있음을 보여주는 표식이 된다.[14]

또한 우리는 바울 저작의 진정성에 논란의 여지가 있는 골로새서를 주목할 필요가 있다. 여기에서 우리는 찬양의 대상이 다시 "사랑의 아들"(1:13)로 나타나는 것을 발견할 수 있다.

> 그는 보이지 아니하는 하나님의 형상이시요 모든 피조물보다 먼저 나신 이시니   만물이 그에게서 창조되되 ….
> (1:15-16)

---

14. 그래서 우리는 이 두 개념에 있어서 근본적으로 서로 다른 두 개의 종교사적 뿌리를 가정할 수 없다. 오히려 그것들은 동일한 종교적 환경으로부터 유래했다.

이어지는 마지막 부분에서도 십자가 죽음 모티프가 빠지지 않는다(1:20). 물론 이것은 빌립보서 찬가에서처럼 자기 비움의 차원이 아니라 포괄적으로 세상을 화해시키는 사역으로서의 죽음이다.[15] 골로새서가 바울 이후 시대의 인상을 주는 것은 분명하기에, 지금 이 찬가가 가지는 다양한 문제들을 따로 다루지는 않을 것이다.[16] 우리는 단지 바울 본인에게서 발견할 수 있는 증거들에만 관심을 두려 한다. 일단 먼저 **창조의 중보자**로서의 그리스도를 언급할 필요가 있다. 바울은 상투적인 형식구의 인상을 주는 곳에서 이 창조의 중보자의 성질을 해석한다.

---

15. 더욱 최근의 문헌을 위해서는, W. PÖHLMANN, ZNW 64 (1973), 53 Anm. 2: 다양한 가설들로 인해 원시 형태를 어느 정도 확실하게 복구해내기는 어렵다. 이는 첨가된 부분으로 볼 수 없는 1:20b의 화해에 관한 진술에도 적용된다. 분명한 것은 찬가가 처음부터 기독교적이었다는 점이다. PÖHLMANN은 56쪽에서 신중하게 (찬가의) 재구성을 시도한다. 세상의 화해에 대해서는, E. SCHWEIZER, Beiträge zur Theologie (본서 제3장 각주 11번), 132ff. 139ff.를 참조하라. 엡 2:14-18 에 있는 평행점들에 대해서는, P. STUHLMACHER, in: Neues Testament und Kirche, Festschrift R. Schnackenburg, 1974, 337-358.

16. 여기에 찬성: E. LOHSE, Die Briefe an die Kolosser und an Philemon, KEK 9,2¹⁴, ¹1968, 249ff. 여기에 반대: W. G. KÜMMEL, Einleitung (본서 제1장 각주 2번), 298ff. 그렇지만 골로새서와 에베소서는 분명히 목회서신들보다 오래됐다. 나는 주후 70년 이전에 쓰인 것이 불가능하다고 생각하지 않는다.

> 그러나 우리에게는 한 하나님 곧 아버지가 계시니 만물이
> 그에게서 났고 우리도 그를 위하여 있고, 또한 한 주 예수
> 그리스도께서 계시니 만물이 그로 말미암고 우리도 그로
> 말미암아 있느니라. (고전 8:6)

아버지는 창조의 기초이자 목적이며, 반면 그리스도는
중보자다.[17] 동시에 '주'와 '하나님의 아들' 칭호 사이에 밀접

---

17. P. H. LANGKAMMER, NTS 17 (1970-71), 193ff.: "이것이 하나님의
아들 신학의 시작이라는 점은 의심의 여지가 없다"(194). 다수의 이교
신들과 주들(Herren)에 반하는 바울의 이 형식구는 유대인 선교 신학
의 선구자적 역할을 했을 것이다. 참조, 『시빌라의 신탁』 3,11; fr. 1,7
(GEFFCKEN 227); 또한 fr. 3,3 (230); 3,629. 718; 마카비2서 7:37; 단
3:45; Jos., Ant. 4,201 u. ö., vgl. M. HENGEL, Die Zeloten, AGSU 1,
1961, 101ff. 환호적인 형태의 ΈΙΣ ΘΕΟΣ-형식구("한 분 하나님")는, E.
PETERSON, ΈΙΣ ΘΕΟΣ, FRLANT 41, 1926, 227ff. u. ö.가 의미한 것
처럼, 이교적인 환호에서 나온 것이 아니라—그것이 더 후대의 것이기
때문에—유대교-헬레니즘 신앙 고백에서 나온 것이다. 참조, 신 6:4과
슥 14:9 LXX. 창조 사상과의 연관성은 더욱이 유대교에 기원을 두고
있다. 참조, Arist. 132. 반면 주전 3세기에 기록된 단편적인 오르페우
스교-디오뉘소스 구롭-파피루스(orphisch-dionysischen Gurob-
Papyrus)와의 관계는 너무 공상적이다. K. WENGST, Christologische
Formeln (본서 제1장 각주 1번), 139. 이 파피루스와 거기에 최초로 포
함되어 있는 형식구인 εἷς Διόνυσος에 관한 난제는 불분명한 문맥에
놓여 있기에 여전히 풀리지 않았다. M. P. NILSSON, Geschichte der

한 관계도 여기에서 분명하게 드러난다. 창조의 중보자에 대한 바울의 진술이 여기에만 나타난다는 사실은—우연이라고 말하고 싶겠지만—우리가 기본적으로 바울의 전반적인 신학에 대해 알 수 있는 바가 얼마나 적은지를 보여준다. 우리는 단지 빙산의 일각만—이것만 해도 물론 매혹적이겠지만—을 알 수 있다.

'주'와 '하나님의 아들'이 모두 부활 및 승귀와 결부되기에 두 칭호가 실제로 나란히 올 수 있고 부분적으로는 교환이 가능함에도 불구하고, 바울이 왜 '주'라는 칭호를 '하나님의 아들'보다도 더 자주 사용했었는지에 대한 물음이 여전히 남아있다. 훨씬 드물게 사용되는 '하나님의 아들'이 무엇보다도 높여진 자와 하나님 아버지 사이의 독특한 관계를 표현하고 있는 반면, '주'는 기도문과 찬양에서의 호칭으로서 무

---

griechischen Religion, Bd. II. ²1961, 244f.와 O. SCHÜTZ, RhMus 87 (1938), 241ff.에서는 손상된 파피루스에 대한 매우 가설적인 재구성을 시도한다. εἰς Διόνυσος는 이때 환호의 의미로 사용되지 않았다(246 Z. 23). 창조의 중보자로서 그리스도에 대해서는, H.-F. WEISS, Untersuchungen zur Kosmologie des hellenistischen und palästinischen Judentums, TU 97, 1966, 288. 301. 305ff.; H. HEGERMANN, Die Vorstellung vom Schöpfungsmittler im hellenistischen Judentum und Urchristentum, TU 82, 1961, 88ff. zu Kol 1,15ff. und 111f. 135. 137. 200.

엇보다도 높여진 자와 그의 공동체 내지 개개 신자들 사이의
관계를 보여준다. "주 예수"(Κύριος Ἰησοῦς, 롬 10:9; 고전 12:3; 빌
2:11)라는 형식구는 십자가에 달리고 부활하여 하나님에 의해
높여지고 다시 돌아올 예수에 대한 교회의 기본적인 신앙 고
백에서 사용됐다. 이렇게 '주'는 예배와 신자들의 개인 생활
속에서 통용되는 칭호가 됐고, **반면 언어적으로 더 복잡한
형태인 '하나님의 아들'은 예외적인 경우로서 확실한 신학적
진술의 핵심부에서 다루어졌다.**

더 나아가 바울에게 있어 그리스도는 복음의 광채를 비
추는(고후 4:4) '에이콘'(εἰκών), 곧 **"하나님의 형상"**이기도 하
다. 이 용어에는 계시의 중보자 개념과 창조의 중보자 개념
이 결합되어 있다. "하나님의 형상"(εἰκών θεοῦ)은 빌립보서 찬
가에 나타나는 "하나님의 형체"(μορφή θεοῦ)와 맞닿아 있는데,
물론 우리는 여기에서 한 용어가 다른 용어를 해석하고 있는
것은 아닌지 질문해볼 수 있다.[18] 그 명칭 역시도 그리스도의

---

18.   F.-W. ELTESTER, Eikon im Neuen Testament, BZNW 23, 1958, 133;
R. P. MARTIN, An Early Christian Confession: Philippians II.5-11
in Recent Interpretation, 1960; DERS., Carmen Christi (본서 제1장
각주 1번), 107ff. 그렇지만 우리는 두 용어를 너무 성급하게 동일시해
서는 안 된다. J. BEHM, Art. μορφή, ThWNT IV, 760과 최근의 수많
은 언어적 증거는, C. SPICQ, RB 80 (1973), 37-45. 참조, 『시뷜라의
신탁』 3,8: ἄνθρωποι θεόπλαστον ἔχοντες ἐν εἰκόνι μορήν; CH 1,12:

구원론적 의미와 관련된다. 신자들은 '하나님의 초상'(Eben-
bild Gottes)으로서의—E. 융엘(Jüngel)처럼 하나님의 '화상/닮은
꼴'(Gleichnis)이라고 말할 수도 있을 것이다—그리스도 안에
서 하나님의 본래 모습, 곧 하나님의 사랑을 볼 수 있게 된다
(요일 4:8-9).

분명, 바울 본인의 창작물이 아니라 자신의 서신들보다
더 오래전에 있었던 공동체 전승에 근거한, '하나님의 아들'
에 대한 바울의 개념은 굉장히 독특해 보인다. 불과 얼마 전
에 십자가에 달린 유대인, 예수—바울이 개인적으로 잘 알고
있었던 야고보의 친형제(ἀδελφὸς τοῦ κυρίου, "주의 형제", 갈 1:19;
2:9; 참조, 고전 9:5)—는 단지 하나님에 의해 죽음으로부터 일으
켜진 메시아일 뿐 아니라 그 이상인 분이다. 예수는 신적 존
재와 동일시되며 만세 전에 하나님과 피조물 사이의 중보자
이자 동시에 하나님의 구원 계시의 중보자다. 예컨대 이스라
엘이 광야를 지날 때에 물을 내는 반석으로서 이스라엘과 함
께했다(고전 10:4). 동시에 예수는 인간으로 태어나 유대 율법
을 짊어지고 고대인들이 가장 수치스러운 죽음으로 알고 있

περικαλλὴς γὰρ, τὴν τοῦ πατρὸς εἰκόνα ἔχων· ὄντως γὰρ καὶ ὁ θεὸς
ἠράσθη τῆς ἰδίας μορφῆς.

었던 십자가 위에서 죽임을 당했다.[19]

---

19. M. HENGEL, Mors turpissima crucis, in: Rechtfertigung. Festschrift
    für Ernst Käsemann zum 70. Geburtstag, 1976, 125-184 [= 『십자가
    처형』, 감은사, 2019].

제4장
종교사학파의 주장

이 새로운 형태의 그리스도상(Christusbild)을 새로운 '헬레니즘적' 기독교로 상정하는 것은 전적으로 이해할 만하다.[1] 이처럼 루돌프 불트만(Rudolf Bultmann)은 W. 부세트의 『퀴리오스 크리스토스』(Kyrios Christos; 2021, 수와진 역간)에 대해 다음과 같이 평가했다. (불트만은) 곧, "팔레스타인의 기독교와는

---

1. W. HEITMÜLLER, ZNW 13 (1912), 320-337 = K. H. RENGSTORF (Hg.), Das Paulusbild in der neueren deutschen Forschung, WdF 24, 1964, 124-43; 참조, 또한 본대학교(Bonner) 학위 논문, H. W. BO-ERS, The Diversity of New Testament Christological Concepts and the Confession of Faith, 1962, 114ff.와 이에 대하여, M. HENGEL (본서 제1장 각주 2번), 47ff.

달리 이 헬레니즘 기독교는 새로운 것이며, 이는 신비주의
종교와 영지주의 집단에 속해 있다"는 점에 있어서는 종교
사학파를 선도하는 대표 학자 부세트에 동의했다. 왜냐하면
헬레니즘 기독교는 팔레스타인의 최초기 기독교에는 아직
존재하지 않았던 '주(Kyrios)-예배'에 중점을 두고 있었기 때
문이다. 그렇지만 부세트가 헬레니즘 기독교를 '근본적으로
완전히 새로운 종교'로 표현한 것은 불트만에게는 너무 나아
간 것으로 보였다. 제자는 스승에게 반대했다. 불트만은 부
세트가 그리스도에 대한 신앙의 본질을 "새로운 자기-이해
와 이로 인해 주어진 새로운 삶"으로 파악하지 못했다고 반
박했다. 더욱이 종교사학파가 그린 예수상과 불트만이 벨하
우젠(Wellhausen)에 이어서 묘사했던 예수의 선포 사이에는—
불트만은 예수의 선포를 '순수하게 유대교적이고 순수하게
예언자적인' 가르침으로 묘사함으로써,[2] 기본적으로 예수의

---

2. Glauben und Verstehen, I, 1933, 253. 256-265 (258). 예수에 대해서
    는 또한 다음을 참고하라. DERS., Jesus, 1926, 55f und Theologie des
    Neuen Testaments, ⁶1968, 28. 핵심어 "예언자와 랍비"에 대해서는,
    M. HENGEL, Nachfolge und Charisma, BZNW 34, 1968, 46ff. 또한
    다음을 보라. J. WELLHAUSEN, Einleitung in die drei ersten
    Evangelien, 1905, 113: "예수는 기독교인이 아니라 유대인이었다. 그
    는 새로운 신앙을 선포한 것이 아니라 하나님의 뜻을 행하라고 가르
    쳤다." 이에 대하여 R. BULTMANN, SHAW 1960/3, 8f. = Exegetica

유대교로의 복귀를 완성시켰기 때문에—분명한 괴리가 있었
다. 더 나아가 이 위대한 마르부르크(Marburger) 학자(불트만을
가리킴—역주)는 종교사학파의 입장에 서 있는 하르낙의 '기독
교의 헬레니즘화'라는 주장을 수정했다. 이렇게 새로운 양상
이 나타나게 된 원인은 그리스 이방 기독교의 사변적-철학적
관심—사람들이 19세기에 여전히 F. C. 바우르(Baur)의 영향
아래에서 믿고 있었던 것같이—이 아니라 신비주의 종교에
의해 각인된 새로운 "제의적 경건"에 대한 관심에 놓여 있었
다.[3] 1950년 세계교회협의회(Ökumenischen Rates)의 기독론적
고백을 비판하면서 불트만은 '하나님의 아들' 용어와 관련한
종교사학파의 이론을 명확히 규정했다.

> 왜냐하면 고난을 받고 죽은 후 다시 일으켜져 살게 된 신적
> 아들의 모습은 신비주의 종교에도 존재하는 것이며, 무엇
> 보다도 영지주의에도 인간이 된 하나님의 아들, 인간이 된
> 하늘의 구원자 개념이 있었기 때문이다.[4]

448f.과 E. KÄSEMANN, Exegetische Versuche und Besinnungen, I,
1960, 206; II, 1964, 48f. 사이에 해석의 차이가 있다.
3. BULTMANN, Glauben und Verstehen, I, 253f.
4. Glauben und Verstehen, II, 1952, 251. 참조, 종교사학파의 사변적인
주장에 대한 신랄하면서도 노련한 비판은, K. HOLL, Urchristentum

불트만과 그의 스승 부세트, 그리고 하이트뮐러(Heit-müller)와 그의 제자들이 고대 사료들로 충분하게 입증하지 않은 채 지겹도록 반복한 그러한 주장이 옳다면, 예수가 죽은 지 얼마 지나지 않았을 때, 바나바 또는 이전에 율법학자이자 바리새인이었던 바울과 같은 유대 기독교의 영적 지도자들 아래에서 실제로 어떤 '급속한 헬레니즘화', 더 정확히 말하자면 팔레스타인 자체나 인접한 시리아, 곧 다메섹이나 안디옥 같은 곳에서 **최초기 기독교의 혼합주의적 이교화**가 일어났어야 했다. 그랬다면 바울의 기독론에 대한 유대 종교 철학자 H.-J. 쇕스의 비판(본서 제2장 참고—역주)은 완전히 옳았을 것이다. 역사적으로 극히 드문 그러한 발전이 예수의 선포와 급진적으로 대립했을 것이라는 점은 자명하다. 이때 사람들은 기본적으로 예수와 바울 사이에서 결정을 내려야만 했을 것이다.

이하에서 우리는 '하나님의 아들' 칭호의 형성을 추적하고 바울에서부터 기독교 신앙의 근원을 밝히면서, 실제 기독

---

und Religionsgeschichte, in: DERS., Gesammelte Aufsätze zur Kirchengeschichte, Bd. II, 1928, 1-32, 특히 바울에 대해서는 18ff.를 보라.

론의 발생에 있어서 예수와 바울 사이의 서로 다른, 근본적인 단절점이 있는지, 아니면 여기에 과거—적어도 예수의 죽음 내지 부활 사건 이후—에 어떤 기독론적 사유의 내적인 궤적—기독론이 임의의 '변수'가 아니라 **일정한 '상수'였음을 주장**했던 허버트 브라운(Herbert Braun)의 주장과는 달리—이 나타나는지를 검토할 것이다.[5]

---

5. H. BRAUN, Gesammelte Studien zum Neuen Testament und seiner Umwelt, ²1967, 272. 그것에 대한 반박은 이미 있었다. E. KÄSE-MANN, Exegetische Versuche und Besinnungen, II, 1964, 44.

제5장
'하나님의 아들'이라는 단어의 의미와 종교사

먼저 우리는—제한된 지면 내에서—셈어와 그리스어 영역에서 '하나님의 아들' 용어에 내포된 철학적·종교사적 의미를 파악하기 위해 노력할 것이다.[1] 그리스어 '휘오스'(υἱός, "아들")의 의미는 거의 물리적인 혈통을 가리키는 것에 한정되며, 비유적인 의미로는 단지 주변적으로만 나타날 뿐이다.

---

1. 참조, W. v. MARTITZ/G. FOHRER, Art. υἱός, ThWNT VIII, 1969, 335ff. 340ff.를 보라. PETR POKORNÝ, Der Gottessohn, ThSt 109, 1971은 RAC에 기고된 논문에 대한 예비 작업으로서 그다지 도움이 되지 않는다. 구약의 증거들을 위해서는 다음을 보라. J. KÜHLE-WEIN in: E. JENNI/C. WESTERMANN, Theologisches Hand-wörterbuch zum Alten Testament, I, 1971, 316-25; W. SCHLISSKE, Gottessöhne und Gottessohn im Alten Testament, BWANT 97, 1973.

더 나아가 이 용어의 한정된 사용 범위는 그것이 더욱 '포괄적인 표현'인 '파이스'(παῖς, der kleine Sohn, "작은/어린 아들")나 '파이데스'(παῖδες, Kinder, "아이들")로 매우 빈번하게 대체된다는 사실에 잘 드러난다.[2]

1. 구약성경

"구약에서 약 4,850회 나타나면서 흔히 친족 관계를 지칭"하는 히브리어 '벤'(בֵּן, "아들"; 아람어로는 בַּר, '바르')은 ('휘오스'와) 완전히 다르다.[3] '벤'은 '휘오스'와는 대조적으로 단지 육체적인 후손이나 친족 관계를 지칭할 뿐 아니라 폭넓은 **귀속 관계**, 곧 어린 동료, 제자, 단체의 구성원, 어떤 민족에의 소속, 직업이나 성질을 가리킬 수 있다. 이 확대된 의미들 중, 이 단어는 구약에서 다양한 방식으로, 특히 **하나님에게 속했다는 표식**으로도 활용됐다. 먼저 구약에서 여러 차례 등장하는 '하나님의 아들들'은 **하늘 궁정의 구성원**, 곧 천사를 가리킬 수 있다. 이들은 가나안 신들 집단에 속했던, 본래 약한 신들이었을 수도 있지만, 구약 본문에서는 더 이상 그러한 사실을 느낄 수 없으며, 야훼의 피조물로서 야훼에게 완전히

---

2.   W. v. MARTITZ, op. cit. 335,35.

3.   G. FOHRER, op. cit. 340,16f.

종속되어 있다.⁴ 신약 시대와 가까운 다니엘 3:25에서 느부
갓네살 왕은 풀무불에 있는 세 명의 유대 신앙 고백자들 곁
에서 "하나님의 아들(Gottessohn: 개역개정에서는 '신들의 아들'—역
주)과 같이 생긴 네 번째 형상"을 본다.⁵ 히폴리투스 이래로
교부들은 이 대목을 그리스도와 관련지어 해석했다. 반면
에,⁶ 반기독교적인 성향을 가지고 있었던 4세기의 한 랍비는
3:28에서 실제로 한 천사가 언급되고 있다는 것에 착안하여,
하나님이 왕을 사탄의 천사(Satansengel)에게 넘겨주어 신성 모
독을 하게 했고, 이로써 그 천사가 왕을 치기 시작하게 됐음
을 강조했다.⁷

---

4.   Op. cit. 347ff.: 창 6:2, 4; 욥 1:6; 2:1; 38:7; 시 29:1; 89:7; 참조, 시
     82:6; 신 32:8f. (LXX와 4QDtᑫ). 참조, 또한 W. SCHLISSKE, op. cit.
     15ff.: 가장 흥미로운 것은 가나안-우가릿과의 유사성이다.
5.   רמה לבר-אלהין('다메 레바르 엘라힌', 단 3:25). 테오도티온: ὁμοία
     υἱῷ θεοῦ. LXX: ὁμοίωμα ἀγγέλου θεοῦ. 이 진술은 7:13의 독특한 진
     술과 대립한다: כבר אנש('케바르 에나쉬', "사람의 아들 같은").
6.   A. BENTZEN, Daniel, HAT I,19, ²1952, 37.
7.   주후 340년경의 랍비 베레흐야에 따른 출애굽기 랍바 20:10. BILL-
     ERBECK I, 139. '하나님의 아들' 표현을 천사를 가리키는 것으로 보
     는 것에 반대하는 랍비들의 예들은, P. S. ALEXANDER, The Targu-
     mim and Early Exegesis of the 'Sons of God' in Genesis 6, JJS 23
     (1972), 60-71에 나온다. 랍비 쉼온 벤 요하이는 천사들을 "하나님의
     아들들"로 부르는 모든 사람들을 저주했다: 창세기 랍바 26:5 (위 저
     서의 61쪽을 보라).

또한 특별히 **하나님의 백성**이었던 이스라엘은 하나님에 의해 선택되어 돌봄과 사랑의 대상이 됐기에 '아들들' 내지 '하나님의 아들'로 불렸다: "너는 바로에게 이르기를, '야훼의 말씀에 이스라엘은 내 아들 내 장자라.' 내가 네게 이르기를, '내 아들을 보내 주어 나를 섬기게 하라!' 하여도 네가 보내 주기를 거절하니 내가 네 아들 네 장자를 죽이리라"(출 4:22f).[8] 따라서 **다윗계 왕** 역시 출애굽기의 전형을 따라 '하나님의 아들'로 칭함 받을 수 있었다. 이것은 하나님으로부터 통치권을 인정받았음을 의미한다. 하나님과 왕의 관계를 아버지와 아들 관계로 해석하는 것은 이미 사무엘하 7:12-14의 나단의 신탁에 나타났고, 이는 시편 89:4로 시작하는 단락 및 역대상 17:13, 22:10, 28:6에서[9] 수용되고 확장됐다. 이사

---

8.   참조, 렘 31:9, 20; 호 11:1. 이스라엘의 아버지로서의 하나님: 신 32:6, 18; 렘 3:4; 야훼의 아들(과 딸)로서의 전체 이스라엘: 신 14:1; 32:5, 19; 사 43:6; 45:11; 호 2:1 등. 이에 대해서는 G. FOHRER, op. cit. 352ff.; W. SCHLISSKE, op. cit. 116-72을 보라.

9.   이집트-근동 배경을 위해서는 다음을 보라. H. BRUNNER, Die Geburt des Gottkönigs, 1964; K.-H. BERNHARDT, Das Problem der altorientalischen Königsideologie im Alten Testament, VT Suppl. 8, 1961; G. W. AHLSTRÖM, Psalm 89. Eine Liturgie aus dem Ritual des leidenden Königs, Lund 1959, 111ff.; 삼하 7:14ff.에 대해서는, 182ff.; DERS., VT 11 (1961), 113ff.; H. GESE, Der Davidsbund und die Zionserwählung, ZThK 61 (1964), 10-26 = Vom Sinai zum

야 9:6도 이와 관련된다. 시편 2:7은 아마도 유다 국가의 왕
위 등극식으로부터 유래했을 것이다: "내가 야훼의 명령을
전하노라. 야훼께서 내게 이르시되, '너는 내 아들이라. 오늘
내가 너를 낳았도다!'" 여기에서 '오늘'이라는 표현으로 인해
모든 형태의 물리적인 출산 개념이 배제된다는 학자들의 주
장은 옳다.[10] H. 게제(Gese)는 '너는 내 아들이라'가 구원 약속
의 실제 성취를 가리키며, 이는 뒤 문장인 '오늘 내가 너를
낳았도다'를 통해 더 강화된다고 구체적으로 강조한 바 있
다: "다윗 가문의 하나님의 아들 됨은 이방 신화의 것이 아니
라 상속주(נחלה-Herrn)와의 관계에 대한 이스라엘 가문법 개
념이다"; "시편 2:7과 110:3에 따르면 … 시온에서의 다윗 왕
의 즉위는 하나님을 통한 출산과 생산으로 이해됐다."[11] 양자

Zion, BEvTh 64, 1974, 113-29; K. SEYBOLD, Das davidische
Königtum im Zeugnis der Propheten, FRLANT 107, 1972, 26ff.; W.
SCHLISSKE, op. cit. 78-115.

10. G. FOHRER, op. cit. 351f.: "예루살렘의 제의"는 이집트의 제의에 기
반하고 있다. "여기서 물리적인 아들 개념은 법적 기반의 아들 됨 개
념으로 바뀌었다"(352,11ff.). "물리적-법적"이라는 단순한 선택지
(Alternative)로 선택/새 창조 행위를 적절히 정의할 수 있는지는 의
문이다!

11. H. GESE, Natus ex virgine, in: Probleme biblischer Theologie.
Gerhard v. Rad zum 70. Geburtstag, 1971, 82 = DERS., Vom Sinai
zum Zion 139. 시 110:3에 대해서는 S. 81 = 138: 아마도 이 본문은 본

삼는 것이라는 법적 개념으로 이 사건을 묘사하는 것은 결코
충분하지 않다. 시편 2편과 110편이 최초기 교회의 기독론적
증거 본문을 위한 가장 중요한 기둥이 된 것은 결코 우연이
아니었다.

2. 그리스-헬레니즘과의 평행

구약에 나타난 '하나님-아들 표현'은 놀라울 정도로 다양
하게 전개될 가능성을 가지고 있다. 추정되는 바 그리스-헬
레니즘과의 평행들에 대해서는 말할 수 있는 것이 더욱 적은
것 같다. 물론 다산했던 "인간들과 신들의 아버지"(πατὴρ ἀνδ-
ρῶν τε θεῶν τε)[12] 제우스는 무수한 신들과 반(半)신들, 인간 자
손들을 낳았지만, 헬레니즘적 자연종교 안에 있는 제우스의

래 다음을 의미했을 것이다: "거룩한 산지 위에서 어머니의 태로부터,
새벽으로부터, 내가 너를 낳았다." 여기서 "거룩한 산지"는 시온에 상
응하며, "새날의 새벽은 시 2:7의 '오늘'과 짝(이 된다)." 참조, W.
SCHLISSKE, op. cit. 100ff.

12. Il. 1,544; Od. 1,28; 참조, 20,201 u. ö. 호메로스에게서, 제우스를 이름
이 아닌 다른 별칭(Epitheton)으로 칭하는 약 300군데 중, 100회 정도
가 πατήρ로 나온다. M. P. NILSSON, Vater Zeus, in: DERS.,
Opuscula selecta, Bd. II, 710ff.; DERS., Geschichte der griechischen
Religion, Bd. I, ³1967, 336f. Vgl. G. M. CALHOUN, Zeus the Father
in Homer, TPAPA 66 (1935), 1-12와 Il. 14,315ff., die Liebschaften des
Zeus.

이러한 자녀들(παῖδες Διός)과 **한 분이신** 하나님의 **유일한** 아들
에 대한 최초기 기독교의 신앙 고백 사이에는 연결 고리가
없다. 또한 스토아철학을 깨우치고서 모든 사람이 본성상 제
우스의 자녀임을 고백했던 사람들은 이성을 통해 제우스의
씨를 품었기에 중보자와 구원자로서의 '하나님의 아들'을 더
이상 필요로 하지 않았다. 여기에는 다음과 같은 명제만이
통할 것이다: "이미 존재하는 대로의 네가 되어라."[13] 누가의

---

13. W. v. MARTITZ, op. cit. 337: 신의 자녀 됨(Gotteskindschaft)은 이미
    크뤼십포스와 클레안테스에게 나타나는데, 무엇보다도 에픽테토스에
    게서 매우 분명하게 드러난다. Diss. I,3,2; 13,3; 19,9; II,16,44 (Hera-
    kles), vgl. 8,11; III,22,82; 24,15f. 섹스투스의 기독교-퓌타고라스적 문
    장들에 나타나는 "하나님의 아들" 언어의 사용은 스토아주의의 영향
    으로 보인다. H. CHADWICK, The Sentences of Sextus, Cambridge
    1959, Nr. 58. 60. 135. 221 (Lat.). 376b: "'하나님의 아들'은 지혜자이
    며 '하나님과 유사한 자'이다"(18f. 45. 48-50. 381. 또한 106을 보라).
    참조, G. DELLING, Zur Hellenisierung des Christentums in den
    'Sprüchen des Sextus', in: Studien zum Neuen Testament und zur
    Patristik. Erich Klostermann zum 90. Geburtstag dargebracht, TU
    77, 1961, 208-241. bes. 210f. 하나님과의 유사성(Gottesverwandt-
    schaft), 하나님의 자녀 됨(Gotteskindschaft)은 프루사(Prusa)의 디오
    크뤼소스토모스의 올림푸스 연설에서도 매우 강하게 강조된다(Or.
    12,27-34. 42. 61 u. ö). M. POHLENZ, Stoa und Stoiker, 1950, 341f.
    382은 (그 개념이) 포세이도니오스에 의존하고 있다고 추측한다. 참
    조, 무엇보다도 행 17:27을 다루는 Dio Chrys., Or. 12,28과 K.
    REINHARDT, PW XXII, 812f.를 보라. "법에 대하여"라는 연설에서
    법은 "정복하기 어려운 … 권세"로 불리는데, 이때 헤라클레스가 넌지

글에 나타나는 바, 바울이 아레오바고에서 아라토스의 유명
한 문장(행 17:28, "우리는 그의 소생이다")을[14] 인용한 것은 놀랍게
도 모순적이다.

2.1. 신비주의 종교와 죽고 부활한 신의 아들들,
그리고 통치자 숭배 의식

지속적으로 반복되는 견해, 곧 하나님의 아들 기독론의
발전이 전형적인 헬레니즘 현상이며 최초기 기독교와는 단
절되어 있다는 견해는 더 이상 자세한 검증을 견뎌낼 수 없
다. 헬레니즘의 신비주의 종교에는 죽고 부활한 신의 아들들
도 없고, 또한 신비주의자 자체가 신비주의 종교의 신의 자
녀도 아니었다.[15] 페니키아의 아도니스, 프리기아의 아티스,

시―ὁ τοῦ Διὸς ὄντως υἱός("제우스의 참/실제 아들")―암시된다(cap.
8).

14. 아라토스에 대한 인용은 주전 2세기 중반, 가장 초기의 유대 "종교-철
학자"로 이해되는 아리스토불로스에게 이미 나타난다. Euseb, pr. ev.
13,12,5f.을 인용하고 있는 M. HENGEL, Judentum und Hellenismus,
WUNT 10, [2]1973, 299f. [= 『유대교와 헬레니즘』, 나남, 2012]을 보라.

15. M. P. NILSSON, Geschichte, II (본서 제3장 각주 17번), 688f.: "기독
교 안에서는 신자들과 (하나님의) 관계가 주로 하나님의 자녀들로 불
리지만, 내가 아는 한 어떠한 신비 종교 입문자들도 신비주의 신의 자
녀로 표현되지 않는다. … 신비 종교에 많은 수의 신의 자녀들이 나타
난다 하더라도 이는 신비 종교 안에서 하나님의 자녀 됨 개념을 형성

이집트의 오시리스와 같이 죽는 초목신들은 신의 아들 역할
을 하지 않았다. 이들은 고대 후기에 신화적인 태곳적 인간
들로 간주됐는데, 죽음 이후에는 헤라클레스처럼 불사성을
선사받았다. 그리스 종교에 나타나는 모든 '제우스의 아들
들' 중 아마도 **헤라클레스**에게서 기독론적인 개념을 발견할
수 있을지도 모르겠지만, 헤라클레스는 결코 신비주의 종교
의 신이 아니었으며, 통치자 숭배 의식의 전형으로서 정치적
인 종교와 대중철학적 종교에 큰 영향을 미쳤을 뿐이다. 또
한 헤라클레스는, 예를 들어 (위-)세네카의 헤라클레스-극
(Herakles-Dramen)에서처럼, 구원을 가져오는 자(pacator orbis;
Herc. Oet. 1990)이자 죽음을 정복한 자로 기록되는데, 기본적
으로 이는 진실되고 매우 모범적인 통치자와 지혜자가 시적
으로 확대된 것을 보여줄 뿐이다. 헤라클레스는 "용감한 행
위로 하늘을 얻었고" 이로써 자신의 아버지에게 "세계"를 요

하기 위해 에둘러 표현한 것이 틀림없다. … 이런 차원[즉, 진실 가득
한 사랑]에서 하나님의 아버지 됨을 파악하고, 이로써 사람이 하나님
의 자녀가 된다는 개념을 신앙의 핵심부로 형성한 것은 기독교의 위
대한 업적이다." R. MERKELBACH, ZPE 11 (1973), 97에서 주장하고
있는 증거에 따르면 "신비 종교에 있는" 사람들은 "자신들이 하나님
의 진리 안에 있거나 어떤 '왕'의 후손"임을 알게 됐다고 하는데, 이는
중요한 사실을 완전히 놓친 것이다. 그렇게, 예컨대, Heliodor 2,31,2의
내용은 단지 널리 퍼진 동화/희극 모티프일 뿐이다.

구할 수 있었다(Herc. Oet. 97f.). 죽음과 혼돈에 대한 헤라클레스의 승리(Hercules furens 889ff.; Herc. Oet. 1947ff.)는 모든 불합리한 세력에 대한 '로고스', 곧 신적 이성의 승리를 나타낼 뿐이다. 여기에는 다음 문장이 적실하다: "용기는 별을 향해 나아가고, 두려움은 죽음을 향해 나아간다"(virtus in astra tendit, in mortem timor; 1971).[16] 더욱이 디오뉘소스의 자녀들이 티탄족에

---

16. G. WAGNER, Das religionsgeschichtliche Problem von Rö 6,1-11, AThANT 39, 1962, 180ff.는 아도니스에 대해, 124ff.는 오시리스에 대해, 219ff는 아티스에 대해 이야기한다. 아도니스는 신비 종교의 신이 결코 아니었고, 아티스와 같은 구원의 신도 아니었다. 처음에 아풀레이우스에 의해 증명된 오시리스의 신비 종교는 완전히 이시스의 그늘에 놓여 있었다. 오시리스 축성식은 이시스 축성식에 추가된 행사였고, 특히 금전적으로 동기부여가 됐다: Apul., met. 11,27ff.; 참조, 로마의 이시스 사제들의 사기 행각에 대해서는, Jos., Ant. 18,65ff. "죽고 부활하는 신들" 개념은 오늘날 점점 더 의문시되고 있다. C. COLPE, Zur mythologischen Struktur der Adonis-, Attis- und Osirisüberlieferungen, in: Lišān mithurti. Festschrift Wolfram Freiherr von Soden ..., AOAT 1, 1969, 28-33과 W. SCHOTTROFF, ZDPV 89 (1973), 99-104, besonders 103f. 특히 헬레니즘 시대의 아도니스, 오시리스, 아티스의 기능에 대해서는, A. D. NOCK, Essays on Religion and the Ancient World, Oxford 1972, I, 83: "아티스, 아도니스, 오시리스는 죽고, 애도를 받고, 다시 생명을 얻는다. 하지만 저들의 죽음을 통해 구원이 주어진다는 이야기는 어디에서도 찾아볼 수 없다." 죽게 되는 식물의 신들 중 어느 누구도 다른 사람들을 "위해" 죽지 않는다. II, 934: "'죽게 되는 신', 아티스, 아도니스, 오시리스에 대해서는 이를 기억해야 한다. 즉, 전통적인 이야기에서 저들은 대

의해 찢기고 먹히자 제우스에 의해 기적적으로 새로운 생명

중 종교의 대부분의 신들과 같이 이 땅 위에 태어나고 그 시점에 존재
가 시작된다고 여겨졌다. 그들은 죽음을 위해 [지하 세계로] 내려갈
수 있었을지 모르겠지만, 생명을 위해 (하늘에서) 내려오지는 않았
다." 다시 말해, 여기에는 보냄 모티프가 나오지 않는다! 헤라클레스
에게도 그러한 선재와 보냄 모티프가 없다. 헤라클레스의 죽음과 신
격화는 인류를 위한 단지 제한된 구원의 의미를 가질 뿐이다. 헤라클
레스의 신격화는 본연의 초인적인 '아레테'(Arete: "미덕" 또는 "용
기"—역주)를 위한 보상이다. 그는 알렉산드로스 이후로 전형적인 헬
레니즘의 정치-종교 차원에서, 악인을 멸하고 정치적 평화를 가져오
는 구원자(Soter)이며 자선을 행하는 자(Euergetes)였다. 스토아학파
의 현자와 같이 통치자는 자신들의 행동을 통해 헤라클레스를 모방하
거나 반복해야 했다. 곧, 자신들의 '아레테' 자체—위대한 모본에 "상
응하는"—를 통해 구원을 이룩해야 했다. 에픽테토스에게 있어서 헤
라클레스는 이성을 부여받은 모든 인간들이 제우스의 아들들이라는
것의 상징이다(Diss. II,16,44; III,24,16; 참조, 제우스의 아들로서 헤라
클레스의 모본에 대해서는, III,26,31). 그는 "모든 인간들 중 최고이자
신적인 인간이며 하나님으로서 간주된다." 왜냐하면 그는 극도로 빈
곤한 상태에서 "땅과 바다를 지배했고", "검소하고 의연했으며 통치
하면서도 탐욕을 부리려 하지 않았기 때문이다": (Ps.-)Lukian, Cyn.
13. 즉, 헤라클레스의 신성 내지 아들 됨은 오로지 '아레테'를 실현하
는 데 있었다(Cornutus 31; Maximus Tyr. 15,6,2). J. KROLL, Gott
und Hölle, 1932 (Nachdruck 1963), 399-447에서 주장하는 바, 세네
카의 극에 나타나는 헤라클레스의 근동화(Orientalisierung)는 내 생
각에 너무 과하다. W. GRUNDMANN, ZNW 38, 1939, 65ff.에서는
행 3:15; 4:12; 5:31의 '통치자'(Archegos)와 '구원자' 개념에 근거하여
행 6:1의 헬라파 사람들에게 "헤라클레스 기독론"을 적용하려고 하는
데 이는 터무니없다. 고대의 대중 신앙에서 "선한 수호신" 내지 "액운
을 막아주는 자"로서의 헤라클레스의 역할은 두로의 멜카르트와 동
일시된 것과 마찬가지로 기독론에 별로 영향을 주지 못했다. 이에 관

을 받게 됐다고 전하는 자그레우스 신화는[17] 최초기 기독교
사유에 거의 영향을 미치지 못했다. 더 나아가 본래 '동방'
신비주의 종교의 신들이나 신비주의 제의에 관해 우리가 가
지고 있는 상세한 정보들은 기껏해야 주후 2-3세기 이후의
것들이다. 신비주의 종교는 본래 전형적인 그리스 종교의 형

해서는 기껏해야 고대 세계에 있어서 공통적인·전형적인 사상 체계
와 개념 체계가 비슷했다는 정도만 언급할 수 있다. C. SCHNEIDER,
Geistesgeschichte des antiken Christentums, 1954, I, 53f., 57; H.
BRAUN, Gesammelte Studien (본서 제4장 각주 5번), 256ff.; M.
SIMON, Hercule et le christianisme, Paris 1955. (HERBERT BRAUN
의 너무 단순한 인용 모음에 있어서) 물론 체계를 비교해보면 종교사
적 비교에서 일반적으로 무시되는 근본적인 차이가 드러나기도 한다.
반대로, (H. WINDISCH에 반대하는) E. KÄSEMANN, Das
wandernde Gottesvolk, FRLANT 37, 1939, 65을 참조하라: "하지만
헤라클레스가 모본으로서 사용됐다든지 양자 기독론에 대해 말하고
있다는 식의 설명은 실제 상황에 적합하지 않다."

17. 이에 대해서는 W. FAUTH, PW 2. R. Bd. IX,2, 2221-2283. 참조, 초기
기독교에 미친 추정적인 영향에 대해서는 특히 2279f.를 보라. 디오뉘
소스-자그레우스 신화는 무엇보다도 오르페우스교의 이원론적
(orphisch-dualistischen) 사색에 결정적인 역할을 했다(참조, O.
SCHÜTZ, RhMus 87 [1938], 251ff.). 제정 시대에 디오뉘소스 신화들
은 거기에 덜 영향받은 것 같다. W. HEITMÜLLER, RGG¹ I, 20ff.는
성찬을 다루면서 출 12장의 유월절-원인론(Ätiologie)과 자그레우스
신화를 동시에 무비판적이고 자유롭게 조합한 예로 제시한다. 참조,
M. P. NILSSON, Geschichte, II (본서 제3장 각주 17번), 364ff.와 A. D.
NOCK, Essays, II (본서 제2장 각주 9번), 795f. A. HENRICHS, Die
Phoinikika des Lollianos, 1972, 56-73의 경우는 지나치다.

태로서, 헬레니즘 시대에 정복됐던 동방 지역으로 '전파'됐다. 동쪽 그리스어권에서 가장 중요했던 동방 '신비주의 종교', 곧 이시스 제의에 관한 최근의 연구로는 F. 뒤낭(Dunand)의 『동방 유역과 지중해의 이시스 제의』(Le culte d'Isis dans le bassin oriental de la Méditerranée [ÉPROER 26, 1973, Bd. I-III])와 L. 비트만(Vidman)의 『그리스인과 로마인에게 있어서의 이시스와 사라피스』(Isis und Sarapis bei den Griechen und Römern [RVV 29, 1970])가 있는데, 이 작품들은 오랫동안 알려져 왔던 것들을 풍성한 증거들을 통해 흡족할 만큼 명료하고도 정확하게 규명해준다. 또 우리는 이것이 결국 신약 해석에도 적용되어, 최초기 기독교가 주후 30-50년 사이 '신비주의 종교'에 상당히 의존하고 있다는 추정상의 진부한 주장들이 적실하고 타당한 판단에 자리를 내어주기를 바랄 수 있다: "우리가 이미 여러 차례 부각시켰던 것과 같이 동방 신비주의 종교의 큰 흐름은 제정 시대, 무엇보다도 주후 2세기에 가서야 시작된다. 2세기에는 또한 가장 영향력 있었던 동방 혼합주의 제의와 이에 따른 갈등이 촉발됐다"(Vidman 138). 주후 2세기에 이미 상당히 확장되고 견고해진 기독교는 강한 경쟁력을 가진 종교로서 더 이상 외부의 혼합주의에 휩쓸리는 대상이 아니었다. 당시 혼합주의적이었던 영지주의는 기독교와 격렬하게 대립했다. 우리는 이 시대의 현상으로부터 더 초기의 모습을 역추리할 수 없다. 그렇기에 유스티노스, 알렉산드리아의 클레멘스, 테르툴리아누스와 같은 2세기 교부들이나 아풀레이우스가 묘사한 상황을 단순히 우리가 관심을 두고 있는 주후 30-50년으로 옮겨놓아서는 안 된다. 더욱이 1세기 초반에 시리아에 있었던 신비주의 제의의 확산에 대해서 알려진 바는 거의 없다. 이러한 신비주의가 초기에 특별히 널리 확산됐고 종교적으로 강한 영향을 미쳤다는 어떤 식의 증거도 없다. 도리어 기독교가 후대 3세기와 4세기의 신비주의 증거에 미친 영향을 고려해볼 필요가 있다. 결과적으로 우리는 **실제적인 숭배 의식/제의**와 널리 퍼져 있었던 '**신비주의 언어**' 사이를 구분 지을 필요가 있다. 후자는 엘레우시스와 디오뉘소스의 특별한 그리스 신비주의 종교 언어로부터 기인했지만, 이미 오래전부터 완전히 독립되어 있었다. 신비주의 언어—솔로몬의 지혜, 아르타파노스, 필론의 예들이 보여주듯—는 디아스포라 회당으로부터도 넘겨받았다. 신약에 나타나는 바, 신비주의를 증명하는 듯한 언어들은 신비주의 제의에의 직접 의존을 의미하는 것이 아니다. 예컨대, 불트만은 『신약성서신학』(Theologie des Neuen Testaments)에서 바울이 '신비주의 공동체'인 '영지주의 공동체'에 의존했고, '거기

에서 영지주의의 구원자와 신비주의의 신 아티스가 결합되
어 있었다'고 상정했는데, 이는 초기 시리아 교회의 종교사
적 배경을 밝히기보다 도리어 어둡게 하는 공상적인 이론이
다. 반대로 그리스의 고린도 사람들은 자신들에게 친근했을
열광적인 디오뉘소스적 신비주의의 관점에서 바울의 메시
지를 오인했던 것 같다.[18] 더 나아가 '휘오스 테우'(υἱὸς θεοῦ),

---

18. 참조, R. BULTMANN, Theologie des Neuen Testaments, ⁶1968, 298,
    ähnlich 170f. K. HOLL, Gesammelte Aufsätze (본서 제4장 각주 4번),
    II, 7에서 이미 연대기 문제를 언급했다: "신비주의의 급격한 확장에
    대한 **확실한**[저자의 강조] 증거는 적어도 주후 2세기의 것이다"
    BULTMANN에 의해 언급된 주전 3세기 프톨레마이오스 시대 이집
    트의 미트라 제의는 페르시아 통치의 유산이며 후대 신비 종교와는
    관련이 없다. 참조, NILSSON, Geschichte, II, 36 Anm. 2; 669 Anm.
    9. 미트라 제의의 발흥과 이에 대한 유스티노스와 테르툴리아누스의
    언급은, C. COLPE, in Romanitas et Christianitas. Studia Iano
    Henrico Waszink …, Amsterdam/London 1973, 29-43, bes. 37
    Anm. 1. 신비주의 언어에 대한 문제는, A. D. NOCK, Essays, II (본서
    제2장 각주 9번), 796ff.: "신비와 입교의 용어는 사실상 일반적인 성
    질과 거의 보편적인 영향력을 얻게 됐다"(798). 즉, 신비주의 언어의
    사용은 특정한 "신비 종교"에 더 이상 직접적으로 의존하지 않는다.
    유대교도 이 영향을 피할 수 없었다. 801ff.를 보라: 필론은 "이교적인
    신비 제의가 혐오스럽다고 이야기하면서도 입교 의식에 나타나는 철
    학적 메타포를 마음에 들어 했다"(802). 마찬가지로 I, 459ff.를 보라:
    "유대 신비주의에 대한 물음." 그리고 이와 관련하여 GOOD-
    ENOUGH가 주장하는 해석은 이렇다: "입교 의식에 대한 메타포는
    철학적으로 사용됐고 따라서 우상 숭배와는 관련성이 없는 것으로 간

곧 "하나님의 아들"이라는 명칭은 헬레니즘 세계에서 상대

주됐다. 그리고 이것은 필론이 필요로 했던 수동적이고 수용적인 마음가짐을 표현했다는 점에서 특히 적절했다"(468). 최초기 기독교나 바울에게서 헬레니즘적 신비주의에 대한 "의존성"이 발견된다고 말하는 것은 특히 옳다. 이들은 실제로 그리스어를 구사하는, 말하자면 부분적으로 그 환경에서 종교적 코이네(대중) 그리스어를 사용하는 회당에 의존하고 있었다. 참조, R. BULTMANN, Das Urchristentum, in: Nuntius No. 5 (1951), 35ff.에 대한 A. D. NOCK의 비평과 거기에서 제기하는 신비주의와 영지주의 해석에 대한 반박을 보라. 신약과 관련한 더욱 오래된 신비주의 연구 비평에 대해서는 H. KRÄMER in: Wort und Dienst. Jb. der Kirchlichen Hochschule Bethel N. F. 12 (1973), 91-104을 보라. H.-W. BARTSCH, op. cit. (본서 제1장 각주 1번), 120에 나타난 초기의 주장은 비학문적이기는 하지만 헬레니즘 환경에 대한 독일 신약 학계의 지식을 고려할 때 그렇게 놀랍지 않다: **"이란에서 확산된 신비주의 제의에서**[헹엘의 강조], 노예들이 계속 존재했음에도 불구하고 그들의 비참함을 황홀경 경험 안에서 제의적으로 극복할 가능성이 열렸을 것이다." 또한 그 부분과 26f.에 분명하게 나타나는 신비주의 종교 및 추정되는 바 기독교 이전의 영지주의적 구원자 신화 사이의 혼동은 그 저자 역시도 REITZENSTEIN의 오도된 테제를 오늘날까지 벗어나지 못했음을 보여준다. 고전 시대에 이미 노예들은 고대 그리스의 엘레시우스 신비주의에 입문할 수 있었지만, 헬레니즘-로마 시대에 가장 중요했던 디오뉘소스의 신비주의는 무엇보다도 고위층의 집안에서 이루어졌다. 여기서 황홀경은 전통적으로 어떤 역할을 했지만 노예들이 경험한 것은 아니었다. 투스쿨룸(Tusculum)의 큰 비문에 따르면 고귀한 주인 아그립피닐라의 '권속'(familia)에 속해 있는 노예 역시도 그러한 일이 허용됐는데, 그것은 예외다. 제정 시대 황홀경의 경험이 사그러 들었던 디오뉘소스적인 티아소스교(Thiasoi)가 주로 상류층의 전통적 모임이 됐기에(예, 주후 2세기 아테네의 이오바코이[Iobakchen: 디오뉘소스 제의—역주]를 보라. DITT., Syll.³ 1109 Z. 40-46), 사람들은 최초기 기독교와 같

적으로 드물게 사용되며, 한 가지 예외를 제외하고 칭호로
사용된 경우가 없다. 이 예외는 아우구스투스가 카이사르의
죽음 직후에 부가적으로 받았던 명칭, '디비 필리우스'(divi
filius), 곧 "신성한 자의 아들"에 대한 그리스어 번역으로 그
리스어 비문에는 '휘오스 테우'(υἱὸς θεοῦ)로 재현되어 있다.[19]

은 새로운 예배/숭배 모임 안에서 이러한 경험을 찾고자 했다. 내 생
각에 고린도의 선례와 가장 유사한 경우는 여전히 주전 186년 로마에
서 있었던 박코스 제의 스캔들(Bacchanalienskandal)에 대한 리비우
스의 기록이다(39,85ff.). 당시 이교도 논쟁에서는 비난을 계속해서 그
리스도인들에게 전가했다. 참조, W. PÖHLMANN, ThLZ 95 (1970),
43. 이 기록은 후대의 것으로 분명 역사적 정당성이 없다. 그렇지만
바울의 공동체에서는 황홀경의 영적 경험과 매우 감격적인 신 예배에
근거하여 **그리스 신비 종교에 대한 해석**(*mysterienhaften interpretatio
graeca*)에 오해를 불러일으키곤 했던 것이 분명하다. 이 모든 것들은
이원론적 영지주의와 별로 관련이 없다; 본서 제5장 각주 28번을 보
라. 전체적으로는 다음을 보라. F. BÖMER, Untersuchungen über die
Religion der Sklaven in Griechenland und Rom, 3. Teil: Die
wichtigsten Kulte der griechischen Welt, AAWLM.G 1961/4, 351-
396과 M. P. NILSSON, The Dionysiac Mysteries of the Hellenistic
and Roman Age, 1957.

19. 기본적으로 우리는 매우 많이 등장하는 παῖδες Διός ("제우스의 자녀
들") 내지 υἱοὶ Διός ("제우스의 아들들")와 칭호로서의 υἱὸς θεοῦ ("하
나님의 아들")를 구분해야 한다. 이러한 이유로 오직 H. BRAUN,
Gesammelte Studien (본서 제4장 각주 5번), 255ff.에서 정리된 평행
들은 심히 의심스럽다. Υἱὸς θεοῦ는 "헬레니즘 공동체"가 널리 이용
했던 "동방 종교적" 칭호가 **아니었다**. 통치자 숭배에 대해서는, P.
POKORNÝ (본서 제5장 각주 1번), 15ff.; W. v. MARTITZ (본서 제5

하지만 이 용어의 사용은, 클라우디우스 시대 이래로 더욱
자주 사용된 통치자 칭호인 '퀴리오스'(κύριος)나 소수의 황제
들의 비문에 나타나는 '에우앙겔리아'(εὐαγγέλια) 개념만큼, 팔
레스타인과 시리아에서 형성된 최초기 기독교에 큰 영향을
미치지 못했다.[20] 공식적–현세적 국가 종교는 (기독교에) 기껏
해야 부정적인 자극을 줄 뿐이었지, 모범적인 영향을 주지는
못했다. (교회와 국가 사이의) 갈등은 한두 세대 후, 주후 64년 네
로 및 도미티아누스 시대가 되어서 발생한다.

장 각주 1번), 336; F. TAEGER, Charisma, Bd. II, 1960, 98 und Index
708 s. v. Gottessohnidee. 아우구스투스, 티베리우스 및 다른 황제들
때에 있었던 저항에 대해서는, S. LÖSCH, Deitas Jesu und antike
Apotheose, 1933, 47ff. P. BURETH, Les Titulatures impériales dans
les papyrus, les ostraca et les inscriptions d'Égypte 30 a. C.-284 p. C.,
Bruxelles 1964, 24. 28에 나오는 개별적인 증거를 보라. 그 칭호는 그
렇게 자주 나오지 않으며 아주 드물게 단독으로 나온다. 클라우디우
스 이래로 우리는 κύριος를 훨씬 많이 발견할 수 있다. 동방에서 이 아
들-용어의 선례들은 "헬리오스(Helios: 태양신 '레')의 아들"로서 프톨
레마이오스 왕들을 가리키는 표현으로, 그리고 제우스의 아들 암몬으
로서 알렉산드로스 대왕을 가리키는 표현으로 나온다.

20. εὐαγγέλιον ("좋은 소식", "복음") 용어에 대해서는, P. STUHLMA-
CHER, Das paulinische Evangelium I (본서 제3장 각주 4번), 196ff.
를 보라.

2.2. 신적 인간

또한 고문헌 학자 뷜핑 폰 마르티츠(Wülfing von Martitz)는
'하나님의 아들' 칭호가 소위 신적 인간을 가리키는 '테이오
스 아네르'(θεῖος ἀνήρ)라는 표현과 성급히 연결되어서는 안 된
다고 주장했다. 왜냐하면 비일러(Bieler)가 자신의 유명한 책
에서[21] 사용했던 저 표현의 출처들이 거의 항상 신플라톤주
의와 교회의 성인전(Hagiographie)에서 유래한 것이었기에,[22]

---

21. L. BIELER, ΘΕΙΟΣ ΑΝΗΡ. Das Bild des "göttlichen Menschen" in
    Spätantike und Frühchristentum, I/II, Wien 1935/36 (Nachdruck
    Darmstadt 1967).

22. W. v. MARTITZ, op. cit. 337f., 339f.: "θεῖος ἀνήρ ("신적 인간")는 적
    어도 기독교 이전 시기에는 고정된 개념이 결코 아니었다. … 그러한
    θεῖοι ("신적인 자들")가 원칙적으로 신의/하나님의 아들들이라는 것
    은 자료로부터 도출할 수 없다. … 하나님의 아들 됨(Gottessohn-
    schaft)과 θεῖος 개념 사이의 연관성이 있다면 이는 우연이다. 하나님
    의 아들과 θεῖος 개념이 맞닿아 있을 수 있겠지만, 그렇다고 용어가 그
    러한 연관성을 지지해주는 것은 아니다." 최근에 신약을 다루는 작품
    들에서 θεῖος ἀνήρ 용어를 과도하게 활용하는 것에 대한 비판은, O.
    BETZ, The Concept of the So-called 'Divine Man' in Mark's
    Christology, in: Festschrift Allen P. Wikgren, Suppl. to NovT 33,
    Leiden 1972, 229-240; E. SCHWEIZER, EvTh 33 (1973), 535f.; J.
    ROLOFF, ThLZ 98 (1973), 519과 기적 이야기에 대해서는, G.
    THEISSEN, Urchristliche Wundergeschichten, StNT 8, 1974, 262ff.,
    vgl. 279ff. K. BERGER, ZThK 71 (1974), 6의 경고는 매우 적실하다:
    "[신적 인간 개념은] 개별적으로 설명하기에 적합하지 않고 그 외에
    도 무척 주의를 기울여 다루어야 하는 집합적 추상 개념(Sammel-

그 개념이 어느 정도 주후 1세기에 확립된 모형이라고 말할
수 있는지에 대해 의문시될 만했기 때문이다. 청동기 시대
이래로 그리스에는 위대한 전쟁-위인들과 지식-위인들이 몇
몇 신들의 육신의 혈통으로부터 나왔다는 사상이 존재하는
데, 이는 퓌타고라스, 플라톤, 알렉산드로스, 아우구스투스,
티아나의 아폴로니우스에게서 발견되는 기적적인 탄생 이
야기들과도 관련된다. 하지만 이 배경에는―우리가 나중에
이야기하게 될 극소수의 변칙적 예외는 제외하고―바울의
기독론에 있어서 전형적인 선재 사상과 세상에로의 보냄 모
티프가 나타나지 않는다.[23] 그래서 G. P. 베터(Wetter)는 자주

---

abstraktum)이다."

23. H. BRAUN은 다양한 부분에서 신약 기독론과의 평행이 추정된다는
    것을 인정한다. Gesammelte Studien (본서 제4장 각주 5번), 258f.
    und Anm. 47. 신적 혈통/후손이 다양한 형태로 변화할 수 있는 가능
    성은 주후 2세기 종교의 창설자인 아보누테이코스(Abonuteichos)의
    알렉산드로스에게서도 나타난다. 알렉산드로스는 뱀의 신 글뤼콘 숭
    배를 아폴론의 아들이며 제우스의 손자인 새로운 아스클레피오스 숭
    배로 소개했는데, 그는 신적 기적을 일으키는 의사 아스클레피오스의
    아들 포달레이리오스의 후손이라고 스스로 주장했으며 또한 셀레나
    사이에서 딸 이본을 낳았다고 주장했다. 즉, 자신이 제우스의 후예라
    는 것이다. 이런 주제는 얼마든지 변화 가능했고, 기독론에서 말하는
    "하나님의 아들"과는 별로 관계가 없었다(Lukian, Alex. 11. 14. 18. 35.
    39f.를 보라). 알렉산드로스는 또한 자신을 티아나(Tyana)의 아폴로니
    우스의 제자이자 제2의 퓌타고라스로도 보았다고 한다. "횃불 신비주

인용됐지만 추정컨대 많이 읽히지는 않았을 책, 『하나님의
아들』(Der Sohn Gottes)에서[24] 기본적으로 기독교의 영향을 받
았던 자료들만을 언급할 수 있었다. 특히 주후 2세기 중엽 플
라톤주의자 켈수스는 페니키아와 팔레스타인 여행 당시 만
났던, 방랑하며 동냥하던 신비스러운 예언자들에 관해 이야
기했다.[25] 그들은 이렇게 선언했다고 한다: "나는 신이자 신
의 자녀(θεοῦ παῖς)이며 신의 영이다. 그런데 내가 왔다. 이미
세계는 멸망하고 있으며, 너희 인간들은 [너희의] 죄로 인해
망할 것이기 때문이다!" 이 반기독교적인 비방 문서에 기독

의" 축제에는 아폴론과 그의 아들 아스클레피오스의 탄생뿐 아니라
알렉산드로스의 어머니와 아스클레피오스의 아들 포달레이리오스 사
이에, 그리고 여신 셀레네와 신비 의식의 창시자 자신 사이에 "신성한
결혼"(hieros gamos)으로서의 합일이 나타난다(38f.). 그는 그리스도
인들과 에피쿠로스학파를 "무신론자"(Atheoi)로서 혐오했다(25. 38).
전체 논의에 관해서는 O. WEINREICH, Ausgewählte Schriften, Bd. I,
1969, 520-551을 보라.
24. FRLANT 26, 1916.
25. Orig., c. Cels. 7,9. 참조, Hipp., ref. 6,19와 Iren., haer. 1,23,1에 따른 시
몬 마구스의 "삼위일체론"을 보라. 이 부분이 무비판적으로 매우 많이
인용된 사례 중 하나는, D. GEORGI, Die Gegner des Paulus im 2.
Korintherbrief, WMANT 11, 1964, 118ff. 여기서 GEORGI는 그것을
기적을 행하는 유대 선교사들과 관련 짓는다. O. MICHEL, ThZ 24
(1968), 123f.는 베스파시아누스 앞에 선 요세푸스의 예언자적 출현을
언급한다(Bell. 3,400). 에우리피데스의 『박카이』의 시작부를 참조하
라: Ἥκω Διὸς παῖς ("제우스의 자녀, 내가 온다.")

교의 삼위일체, 곧 하나님, 아들, 영이 도입되고 있기는 하지만, 전체 문맥을 보자면 켈수스가 참 예언자를 묘사한 것이 아니라 기독교의 선교사들과 설립자들을 종교 사기꾼으로 폭로하기 위하여 풍자하고 있음을 알 수 있다. 후대의 기독교 자료들에서는 모든 이단의 시효인 시몬 마구스나 사마리아의 방랑자 도시테오스 같은 몇몇 인물들을 '하나님의 아들'로 칭하기는 하지만, 이는 역사적인 정보들이 아니라 논쟁 가운데 양식화된 것이다.[26] 바로 그러한 차원에서, 『디다케』(Didache)는 가장 높은 인물인 적그리스도가 '신의 아들'로 나타나게 될 것이라고 이야기하고 있다.[27]

2.3. 영지주의적 구원자 신화

하나님의 아들을 세상에 보내는 모티프를 가진 영지주의 신화로 추정되는 것이 있다. 여기서 우리는 사람들이 비학문적이라고 부를 만한 현대적인 신화 형성―역사 연구의 근본적인 문제, 말하자면 자료의 연대를 고려하지 않거나 임의로

---

26. Simon Magus: Ps.-Clem., Hom. 18,6. 7; Passio Petri et Pauli 26 (LIPSIUS/BONNET I, 142). Dositheos: Orig., c. Cels. 6,11.

27. 16,4: καὶ τότε φανήσεται ὁ κοσμοπλανὴς ὡς υἱὸς θεοῦ καὶ ποιήσει σημεῖα καὶ τέρατα ("그리고 그때 신의 아들과 같은, 세상을 미혹하는 자가 나타났고 표적과 기사를 행했다").

조작하는—의 예를 발견할 수 있다. 『도마행전』(Thomasakten)
의 "진주의 찬가"와 같은 3세기 마니교 문서들을 기독교 이
전 영지주의의 증거로 대면서 주전 1세기로 소급시키는 일
은 멈추어져야 한다. 실제로 그 자료들에는 기독교 이전의
영지주의 구원자 신화로 증명—연대기적으로—할 수 있는 것
들이 전혀 없다. 이러한 상황은 후대에 기독교 밖에 있었던
영지주의—우리가 헤르메스주의 문헌(Hermetica: 또는 '헤르메티
카')과 나그 함마디(Nag Hammadi)의 몇몇 문서들에서 만나게
되는—와 관련된 실제적인 문제와 뒤섞여서는 안 된다.[28] 영

---

28. 그러한 가설적 구성을 뒤집은 것은, C. COLPE, Die religionsgeschich-
    tliche Schule, FRLANT 78, 1961의 업적이다. 비역사적-사변적인 영
    지주의 연구의 전형적인 예는 다음과 같다. A. ADAM, Die Psalmen
    des Thomas und das Perlenlied als Zeugnisse vorchristlicher Gnosis,
    BZNW 24, 1959과 W. SCHMITHALS, Die Gnosis in Korinth,
    FRLANT 66, 1956 (³1969). C. COLPE의 작업에 대한 SCHMITHALS
    의 반응은 제2판(1965) 이후에 나오는데(32-89), 놀랄 만한 확신을 가
    져다 준다. 자주 인용되고 있는 도마행전의 "진주의 찬가"가 분명 기
    독교 이전의 구원자 신화에 대한 증거가 될 수 없음을 명료하게 보여
    준 것은 J.-É. MÉNARD, Revue des Sciences Religieuses 42 (1968),
    289-325이다. 우리가 현재 가지고 있는 형태는 마니교적 편집의 결과
    이며, 이전의 형태는 유대 기독교의 영향을 받은 시리아 기독교로 거
    슬러 올라갈 수 있다. "진주의 찬가"에는 분명 기독교의 기독론적 전
    통이 전제되어 있다. 추정되는 바 기독교 이전의 영지주의에 대한 가
    장 최근의 H.-W. BARTSCH의 매우 멋진 작품은 본서 제1장 각주 1번
    을 보라. A. D. NOCK, "Gnosticism" in: Essays, II (본서 제2장 각주

지주의 자체는 영적인 운동으로서 가장 처음으로는 주후 1
세기 말에 나타나며 주후 2세기가 되어서야 완전히 발달하
게 된다. 유대의 지혜 사상이나 쿰란 문서, 필론을 '영지주의
적'이라고 말할 수 없다. 여기서 나는 가장 중요한 고대 종교
전문가인 A. D. 노크(Nock)를 증인으로 소환하려 한다. 자료
들에 근거한 노크의 분명한 판단은 독일에서 거의 주목받지
못했다: "신약의 반향으로 가득한 마니교 문서들과 다른 문
서들을 취하여 거기에서부터 신약의 배경을 추정하여 재구
성하려는 과정은 분명히 적절하지 않다."[29] 영지주의의 발생
에 관한 논쟁의 여지가 많은 문제들을 더 이상 언급하지 않

9번), 940-959 = HThR 57 (1964), 255-279. 또한 R. BERGMEIER,
Quellen vorchristlicher Gnosis?, in: Tradition und Glaube. Festgabe
für K. G. Kuhn zum 65. Geburtstag, 1971, 200-220. 참조, DERS.,
NovTest 16 (1974), 58ff.과 이제 기초적인 연구가 된, K.
BEYSCHLAG, Zur Simon-Magus-Frage, ZThK 68 (1971), 395-426과
Ders., Simon Magus und die christliche Gnosis, WUNT 16, 1974에
서는 사마리아의 "마술사"(Magier) 시몬을 "기독교 이전의 영지주의"
에 대한 주요한 증거로 내세워서는 안 된다는 증거를 제시한다. 이미
한풀 꺾인 "영지주의적 도취(Fieber)"(G. FRIEDRICH, MPTh 48
[1959], 502)가 완전히 사라지게 되고 그 현상에 대한 적절한 판단을
위한 길이 열리기를 바란다. 기묘하게도 그것은 대중적인 신학 작품
에서, 목회자들의 모임과 학위 논문에서 여전히 많은 영향을 미치고
있다.

29. Essays, II (본서 제2장 각주 9번), 958.

고서 나는 단지, 유대교의 창조 사상, 지혜 사상, 묵시문학이 통속적-이원론적 플라톤주의와 결합됐다는 것 외에, 영지주의 체계의 발생을 촉구했던 것은 바로 초기 기독교였다는 사실만을 말하려 한다. 다시 한번, 노크의 말을 빌려 표현하자면 이렇다: "예수의 출현과 그가 이 땅에 도래한 초자연적 존재라는 믿음은 이전에 용액 속에 부유하던 요소들을 응결시킨 것이다."[30]

내가 알고 있는 한, 선재하는 신적 구원자가 이 세상에 보내졌다는 모티프는 그리스-로마 세계에서 극소수에 불과하다—존재한다 하더라도 기본적으로 기독교의 것과는 관계가 멀다. 먼저 기독교의 것은 인간들의 모든 **영혼**이 하늘로부터 이 땅으로 보내진 후 그곳으로 다시 돌아간다는, 고대 후기에 널리 퍼졌던 견해와 명확히 구분되어야 한다. 그 영혼들이 어떻게든 신적인 성질을 가지고 있다거나 신적인 기원을 가졌다는 것은 말이 되지 않는다.[31] 그것은 바로, 고대

---

30. Loc. cit. 영지주의에 대한 중기 플라톤주의의 영향에 대해서는, H. LANGERBECK, Aufsätze zur Gnosis, AAG 3. F. 69, 1967, 17ff., 38ff. 와 H. J. KRÄMER, Der Ursprung der Geistmetaphysik, Amsterdam 1964, 223ff.를 보라.

31. A. D. NOCK, Essays, II, 935f.; 참조, E. ROHDE, Psyche, ²1898 (Nachdruck 1961), II, 165 Anm. 1; 269ff.; 304f. Anm. 1. 플라톤 시대 까지는, D. ROLOFF, Gottähnlichkeit, Vergöttlichung und Erhöhung

후기에 거의 자명했던 개념이면서 아직 영지주의적 사변과

---

zu seligem Leben, 1970을 보라. 엠페도클레스에 대해서는 192ff., 플라톤에 대해서는 203ff.를 보라. 영혼의 이동에 관한 오르페우스-퓌타고라스 신화는 그와 같은 견해를 확립하고 있다. 선재하는 영혼이 죽을 몸 안으로 들어오는 것은 타락의 결과로(Empedokles), 약한 운명의 결과로(Phaedrus 246a 66ff.), 선택과 운명의 결합으로(Politeia 617e-621b) 또는 신적인 의지로(Tim. 41a 7-44b 7; 90d 1f.) 해석될 수 있다. 후기 헬레니즘-로마 시대에 대해서는, A.-J. FESTUGIÈRE, La Révélation d'Hermès Trismégiste. III. Les doctrines de l'âme, 1953, 27ff., 63ff.; M. A. ELFRINK, La descente de l'âme d'après Macrobe, Philosophia Antiqua 16, 1968. 그리스의 수많은 묘비 새김글은 그런 견해들이 일반적이었다는 사실을 보여준다. 참조, 예를 들어, W. PEEK, Griechische Grabgedichte, 1960, Nr. 353,2ff. (주후 1/2세기): "… 그러나 그의 죽지 않는 마음은 복된 자들에게로 갔다. 왜냐하면 영혼은 영원하며 생명을 내어주고 신성(Gottheit)으로부터 내려왔기 때문이다(καὶ θεόφιν κατέβη). … 몸은 영혼의 옷일 뿐이니 나의 신적인 부분을 존중하라; Nr. 465,7ff. (주후 2-3세기): "나에게 주어진 영혼은 하늘의 정착지에 거한다." 참조, 다음 질문에 대해 금박으로 된 판 위에 반복되어 나타나는 오르페우스의 대답: "너는 누구인가? 너는 어디에서 왔는가? 나는 땅과 별이 빛나는 하늘의 아들이다." 이에 대해서는 O. KERN, Orphicorum fragmenta, ³1972, S. 105ff. Nr. 32. 영혼의 선재 개념은 유대교에서도 넘겨받았다: BILLERBECK II, 341ff. 필론은 창 28:12에서 천사들이 오르락, 내리락 했던 야곱의 사다리를 오르락, 내리락 하는 영혼으로 해석했다. somn. 1,133ff. H. BRAUN, Gesammelte Studien (본서 제4장 각주 5번), 258f Anm. 46f.에서는 "선재", 곧 "신적 존재의 내려옴"에 대한 평행구를 다루면서도 널리 정형화된 이 개념(Topos)의 가능성을 거의 염두에 두지 않고 있다.

는 아무 관련이 없었던 영혼의 '옴과 감'에 관한 것이 아니라
역사를 완성하는 유일한-단번의 사건에 관한 것이다: "때가
차매, 하나님이 자신의 아들을 보내셨다." 여기에는 완전히
창조론을 지향하는 영지주의적 신화, 또는 그리스나 동방 자
연종교의 무시간적인 신화가 아니라, 유대-묵시론적 사유가
전제되어 있다.

2.4. 세상에 보내진 구원자 및 이와 유사한 사상

이제 헬레니즘과의 '유사성'을 더 자세히 들여다보고자
한다. 먼저 스토아철학자 **코르누투스**의 그리스 신화학에 대
한 탈신화적 해석을 다룰 필요가 있다: "제우스와 마이아의
아들 헤르메스는 신들이 하늘에서 우리에게 보낸 '로고스'
(Logos)이다." 이것은 물론 헤르메스가 역사 속으로 보내진 것
이 아니라 단순히 '신들이 사람들을 땅 위에서 유일한 이성
적인 생물로 창조했음'에 대한 신화적인 표현일 뿐이다. 헤
르메스는 신들의 '전령'(Keryx)이자 '사자'(Angelos)로서 우리가
가지고 있는 이성적인 사유를 통해 신들의 뜻을 알도록 도왔
다. 물론 코르누투스에게 있어서 헤르메스는 다른 신들과 유
사하게 '이성의 원리'로서 모든 인격적인 성향을 잃고 순전

히 상징만으로 남았다.[32] 이는 유대교의 지혜의 역할과 분명
한 접촉이 있는 것처럼 보이지만 초기 기독론과는 단순히 형
식적인 관계를 가지고 있을 뿐이다.[33] 스토아철학의 '로고스'
가르침은 2세기가 되어서야 변증가들에 의해 기독교 사상으
로 수용됐다. 요한복음의 서론에 나타나는 '로고스'는 추상
적·신적 "세상의 이성"이 아니라 창조에 관한 하나님의 계시
의 말씀이며, 스토아철학이 아닌 유대 지혜-전승에 기초하고
있다(본서 §5.3.4 및 §6.3을 보라).

나는 추가적인 세 개의 예에 대해 또다시 A. D. 노크에게
빚졌다.[34] 첫 번째는 헤르메스주의 문헌에 속한 후대의 본문
과 관련한다. 여기에서 오시리스와 이시스는 자연 요소들
(Elemente)의 청에 따라 도덕적 무질서를 조정하도록, 최고신
에 의해 세상으로 보냄을 받았다. 저들은 '프로토이 헤우레
타이'(πρῶτοι εὑρέται), 곧 "문화를 가져오는 자"(Kulturbringer)로

---

32. Theol. graec. 16 (WENDLAND 113). 참조, 이에 대해서는, E. SCH-
    WEIZER, Beiträge zur Theologie (본서 제3장 각주 11번), 83f. =
    ZNW 57 (1966), 199f. A. D. NOCK, Essays, II (본서 제2장 각주 9번),
    934.

33. M. HENGEL, Judentum und Hellenismus, 293f. 참조, 111fff., 114ff.

34. Essays, II, 937f.: Kore Kosmou, fr. 23, 62-69, ed. NOCK/FESTU-
    GIÈRE, CH 4,20ff. 오시리스-이시스 미덕론(Aretalogie)에 대해서는,
    H. D. BETZ, ZThK 63 (1966), 182ff.를 보라.

서 문명 질서를 만든 후 다시 하늘로 불려 올라갔다. 노크에 따르면, 이것은 "아마도 기독교의 가르침에 대한 맹렬한 반박으로서, '우리 신들이 철학적 이성에 반대하지 않는 방식으로 오래전에 이미 육화(incarnation)됐음'을 의미하려는 것 같다."[35]

두 번째 예는 퓌타고라스와 관련되어 있다. 퓌타고라스는 제자들에 의해 아폴론 휘페르보레이오스와 동일시됐으며[36] 매우 초기에 이미 아폴론의 후손으로 불렸다. 더 나아가 주후 300년경의 얌블리쿠스 전기에서는 지상에 현현한 것으로 여겨지는, 죽음을 겪는 다양한 신들의 모습이 그려진다. 그들의 과제는 인간들에게 철학의 복을 베푸는 것이었다. 물론 얌블리쿠스에게 있어서 신의 육화 개념은 영혼이 떠돈다는 사상과 떼어놓을 수 없었다. 그와 같은 종교의 창시자, 아보누테이코스의 알렉산드로스는 자신을 퓌타고라스의 영혼이 육화된 것으로 보았고, 자신에게 신탁을 내려주는 신 글뤼콘으로 하여금 두 제자의 질문, 곧 '그가 퓌타고라스의 영혼을 가지고 있는지 … 아니면 다른 유사한 영혼을 가

---

35. Essays, II, 937f.
36. Aristot., fr. 191 (p. 154f. ROSE) nach Aelian, var. hist. 4,17과 Iamblich, vit. Pyth. 31. 140ff.; Porphyrios, vit. Pyth. 2,28 (18.31f. NAUCK); 참조, F. TAEGER, Charisma, Bd. I, 1957, 73f.

지고 있는지'에 대해 여섯 행으로 대답하게 했다: "퓌타고라
스의 영혼은 어떤 때는 수축하고 어떤 때는 확장된다. 예언
하는 저 (자신의) 영혼은 신적 영혼의 일부로서, (신적) 아버지
는 그를 선한 사람들을 위한 조력자로 보낸다. 그리고 그 영
혼은 제우스의 번개를 맞고서 다시 제우스에게로 돌아가게
될 것이다."[37]

세 번째 예는 정치적-종교적 시로부터 비롯한다. **호라티
우스**는 자신의 두 번째 송가에서 과거의 카이사르 살해 죄를
처벌하기 위해 유피테르가 누구를 지목하게 될지 묻는다. 사
람이 된 **헤르메스-메르쿠리오스**는 카이사르에게 복수하도
록 아폴론, 베누스, 마르스에게 부탁한 후에 **옥타비아누스**의

---

37. Iamblich, vit. Pyth. 30f.; 참조, 이에 반하여 7f.도 보라. 아폴론은 퓌타
고라스를 직접 낳은 것이 아니다. "물론 퓌타고라스의 영혼이 동반자
로서든, 아니면 이 신과 신뢰할 만한 관계 안에서든, 아폴론의 지도하
에 있었고, 따라서 그렇게 인간에게 보내졌다는 것을 어느 누구도 의
심하지 않을 것이다"(M. v. ALBRECHT의 번역). H. BRAUN, Gesam-
melte Studien (본서 제4장 각주 5번), 259 Anm. 47과는 달리, 여기서
다루고 있는 것은 어떤 신의 선재와 하강에 관한 것이 아니라 어떤 인
간 영혼의 보냄에 관한 것이다. 상심한 헤라클레이데스 폰티쿠스에
따르면 그는 헤르메스의 후손이거나, 헤르메스와 관련이 있다(Diog.
Laert. 8,4). 아보누테이코스의 알렉산드로스에 대해서는, Lukian,
Alex. 40을 보라. 참조, 하지만 4에는 이렇게 나온다: Πυθαγόρα
ὅμοιος εἶναι ἠξίου ("[그는] 퓌타고라스와 같다고 주장했다").

모습으로 나타났다가 다시 하늘로 돌아갔다. 호라티우스는
여기에서 분명 이러한 정치적-시적 아첨의 형태로 아우구스
투스(옥타비아누스)를 신들에 의해 보내진 통치자로 표현하고
있을 따름인데,[38] 이는 곧 우리가 무엇보다도 동방 그리스어

---

38. Carmina 1,2,29ff. 41ff. 참조, F. TAEGER, Charisma, II (본서 제5장
각주 19번), 166f.와 E. FRAENKEL, Horaz, Darmstadt 1963, 287ff.에
서는 메르쿠리오스와 아우구스투스의 동일시를 "시인의 발상"(294)
으로 본다: "유피테르는 누구에게 범죄를 끊어내는 역할을 줄까? 오
소서, 우리는 기원합니다. 구름으로 빛나는 어깨를 덮고 있는 예언자
아폴론이여, … 혹 날개 달린 당신이, 생명을 주는 마이아의 아들이,
땅에서 변화된 모습으로, 청년을 모방한다면, 카이사르의 보복자라고
불리는 것을 감내한다면. 나중에 하늘로 **돌아가**, 퀴리니우스의 백성
들과 기쁨으로 오랫동안 함께 지내기를. 우리의 불의로 인해 더 **빠른**
바람이 당신을 너무 일찍 들어올리지 않기를."
(Cui dabit partis scelus expiandi
Iuppiter? Tandem venias, precamur,
Nube candentis umeros amictus
　　　Augur Apollo …
Sive mutata iuvenem figura
Ales in terris imitaris almae
Filius Maiae, patiens vocari
　　　Caesaris ultor:
Serus in caelum *redeas* diuque
Laetus intersis popula Quirini
Neve te nostris vitiis iniquum
　　　Ocior aura
Tollat …)

권 제국의 극단적인 황제 비문에서도 다른 통치자들—예, 알
렉산드로스—과 관련하여 확인할 수 있는 표현 방식이다.[39]

로물루스 전설의[40] 발전 역시 이러한 고대 통치자 이데올
로기를 배경으로 이해되어야 한다. 어떤 학자들은 무엇보다
도 로물루스가 기적적으로 하늘로 올려진 것에서 신약 기독
론과의 평행을 찾으려 했다. 사람들은 쌍둥이 로물루스와 레
무스를 마르스의 아들로 여겼는데, 레무스는 자신의 형제 로
물루스에 의해 죽임을 당한 반면, 전설에 따르면 로마의 건
설자 로물루스는 기적적으로 하늘로 올려졌다고 회자된다.
로물루스가 카이사르처럼 원로원 의원들에 의해 살해됐다는
더 합리적인 해석도 있다. 더욱 발전된 전설에서는 로물루스

---

39. Plutarch, de Alex. fort. aut virt. 6 (329 C): "그보다도 그는 신에 의해
    보내어진 통치자이자 세상의 화해자로서 왔다고 간주됐다." 8 (330
    D): "그러나 여기로 알렉산드로스의 영혼을 보냈던 신이 그를 다시
    급히 불러들이지 않았다면, (지금은) 하나의 법이 모든 인간을 다스렸
    을 것이며, 정의를 공동의 것으로 보았을 것이다. 그렇지만 이제 알렉
    산드로스를 보지 못한 세상의 일부는 태양 없이 존재하게 됐다." A.
    EHRHARDT, The Framework of the New Testament Stories, 1964,
    37ff.에서는 이 본문을 부당하게 빌 2:6-11과 결부시키려 한다.

40. 참조, J. B. CARTER, in: W. H. ROSCHER, Ausführliches Lexikon
    der griechischen und römischen Mythologie, Bd. IV, 1909/15, 175ff.
    198ff.; A. ROSENBERG, PW 2. R. I, 1920, 1097ff.

의 올려짐을 신격화된 것으로 보았다. 엔니우스는[41] (카이사르 살해와 관련하여) 여전히 어떤 익명의 목격자를 등장시키고 있는데, 키케로, 리비우스, 후대의 작가들은 이미 그 사람의 이름을 기록한 바 있다. 더 나아가 어떤 이들은 로물루스와 퀴리니우스 신을 동일시하기도 했다. 리비우스에 따르면, 칭송을 받던 로물루스는 목격자인 프로쿨루스 율리우스에게 다음과 같이 전했다: "'신들이 나의 로마를 세상의 수도로 삼을 것임을 로마 사람들에게 전하라. … 그리고 이와 같이 어떠한 인간적인 노력도 로마의 무기에 저항할 수 없다는 것을 후손들에게 전달하라.' 이것을 말하고 나서 그는 하늘로 올라갔다."[42] 여기에는 승천을 포함하여 마태복음과 누가복음에 나타나는 부활 기사와의 독특한 형식적 유사성이 있다. '보냄' 모티프는 **플루타르코스**에게서도 나타난다: "신들의

---

41. Anm. 1,110ff. (VAHLEN). Ann. 1,65에 따르면 로마의 기틀을 놓았던 신의 계획 속에 로물루스의 불멸성이 예정되어 있다.

42. Livius 1,16; Cic., de re pub. 2,10,2; Ovid, met. 14,805ff. 참조, 848ff. 에는 여신 호라가 된 로물루스의 처 헤르실리아의 승천이 나온다. 나의 동료 CANCIK은 아우구스투스 칭호가 로물루스-퀴리니우스 전설에 나오는 '아우구리움 아우구스툼'(augurium augustum: Enn., ann. 501)과 관련 있다는 점에 주의를 기울이게 해주었다. CARL KOCH, Religio, 1960, 94-113 (= Das Staatsdenken der Römer, hrsg. v. R. KLEIN, 1966, 39-64).

뜻은 이것이다. … 나는 긴 시간 동안 인간들과 함께 거하면서, 가장 강하고 가장 명망 있는 하나의 도시를 지은 후, 다시 내가 왔던 하늘에 머물게 될 것이다." 여기에서 선재하던 신적 존재가 보내어지는 것을 읽어낼 수 있다. 그렇지만 실제로 플루타르코스는 단지—자신의 알렉산드로스에 관한 글에서와 마찬가지로—중기 플라톤주의적 영혼론을 개진하고 있을 뿐이었다. 그는 육체의 올려짐이라는 원시적인 개념에 명확히 반대하면서 핀다로스를 인용한다: "모든 육체는 죽음에 정복당한다. 하지만 육체의 원상(Urbild)은 오직 신들로부터 온 것이기에 영원히 살아 존재한다." 여기에 더하기를, "그것[원상]은 거기로부터 와서 다시 거기로 돌아간다. 그때는 육체 없이, 육체로부터 완전히 벗어나고 분리되어서, 육체의 영향 없이, 완전히 순수하고, 정결하게 됐을 때다."[43] 이와 유사하게, 얌블리쿠스에 따르면 퓌타고라스의 영혼 역시 땅으로 보내졌다.

이러한 식의 보냄 개념들은 우리가 **필레몬**과 **바우키스**의 전설에서나 또는 리스트라(Lystra)의 주민들에게 있어서 조우할 수 있는 것처럼, 근본적으로 '**감추어진 신의 현현**' 사상에 입각해 구분되어야만 한다. 리스트라 주민들은 **바나바**와 **바**

---

43. Plutarch, Romulus 28,2. 7-9.

율의 기적 치유를 경험한 이후에 이렇게 고백했다: "신들이 인간으로 변하여 우리에게 내려왔다."[44] 신들이 인간의 모습으로 몰래 방문한다는 태곳적 모티프는 이미 『오뒷세이아』 (Odyssee, 17,484ff.)에 나타난다. 여기에서 청년들은 거지의 행세를 하고 있는 오뒷세우스를 손님으로 정중하게 맞지 않는 구혼자들 중 하나를 꾸짖었다.

> 그가 신, 하늘에서 온 자라면, 너는 저주를 받을 것이다!
> 신들은 여러 모습을 하고 도시들을 두루 다니지 않느냐!
> 그들이 올 때에는 외국에서 온 나그네들과 같이 보인다.

필론은 이 예를 참고하여, 신의 현현 또는 정확히는 창세기에 나타나는 중보자(참조, 창 18장)를 설명하려 한다. 이때 동시

---

44. Ovid, met. 8,611ff.; fasti 5,495; 행 14:11f. 참조, Themistius 7 (WETTSTEIN, 90을 보라): "순수하고 신적인 권세들이 인간의 안녕을 위해 땅을 방문한다. 이때 헤시오드가 주장하듯 공기 같은 형태가 아니라 우리와 비슷한 육체를 입고서 하늘에서부터 내려오고, 우리와 더불어 살기 위해 삶을 자신들의 본성 아래에 둔다." 그렇지만 주후 4세기의 이 플라톤주의적 수사학자가 기독교의 영향을 받았음을 분명히 느낄 수 있다. 그는 율리우스와 함께 이교적인 종교를 개혁하는 데 노력을 기울였다. 또한 Od. 17,485 인용문이 나오는, 신플라톤주의적인 Eunapios, Vitae Sophistarum 468을 보라.

에 '신은 인간과 같지 않다는 것'(민 23:19), 형상이 없으며 육체를 입고 있지 않다는 것(somn., 1,232ff.)을 강조한다. 그러나 이러한 예들에는 보냄 모티프도 나타나지 않으며 신이 인간의 운명과 죽음을 받는 것도 나타나지 않는다. 그리스의 신들은 태어나고, 인간들처럼 즐기기도 하며, 경우에 따라서는 인간들과 함께 즐기기도 하지만, 저들은 죽을 수 없다. 저들의 육신의 형상은 단지 '보이는 것'에 불과하며, 더욱이 저들은 불멸성으로 인해 덧없이 '죽어야 할 자들'과 근본적으로 구분된다. **이러한 것들로는 기독론 형성의 비밀에 조금도 가까이 다가설 수 없다.** 기독교의 대적자 켈수스가 다음과 같이 거듭 강조했던 것은 까닭이 없지 않다: "하나님이나 하나님의 아들(θεοῦ παῖς)은 내려온 적도 없고, 앞으로 내려오지도 않을 것이다. 그런데 너희가 천사들에 대해 이야기한다면, 그들이 어떤 식으로 존재한다고 말하겠는가? 신들인가? 아니면 또 다른 식의 존재인가? 저들은 분명 다른 식의 존재, 곧 귀신들(Dämonen)과 같은 존재다."[45] 노크가 강조한 바, 신

---

45. Orig., c. Cels. 5,2. 참조, 4,2-23; A. D. NOCK, Essays, II, 933을 보라. 거기에는 더 많은 증거들이 있다. 신들과는 달리 귀신들은 부분적으로 "땅에 묶여 있었다"(c. Cels. 8,60). 켈수스가 말하는 천사들은 테미스티오스가 말하는 "권세자들"(δυνάμεις)에 상응한다. 기독론의 "거리낌"은 분명 그리스도인들의 별난—비할 데 없는—"하나님"에 대한

적인 형상이 인간이 된 것과 저주의 나무 위에서 당한 수치

이교적인 논쟁에서 분명하게 표현된다. Minucius Felix, Oct. 10,3에
나오는 이교적 대적자를 보라: "그런데 유별나고도 고독하며 버려진
이 신은 어디에서 온 누구인가?"(Unde autem vel quis ille aut ubi
deus unicus solitarius destitutus …?). 10,5: "그러나 그리스도인들도
[저들의 신에 대한] 얼마나 괴기한 일을, 얼마나 기이한 일을 날조하
고 있는가?"(At etiam Christiani quanta monstra, quae portenta con-
fingunt!). 참조, 12,4 등등. (Augustin, civ. Dei 19,23에 보존된) 포르퓌
리오스에 의해 보도된 일련의 신탁에 따르면 아폴론은 기독교 신앙을
가진 아내를 어떻게 단념시킬 수 있는지 묻는 한 남자에게 이렇게 답
한다: "… 아내가 마음대로, 헛된 망상을 고집하면서 죽은 신을 슬프
게 노래하고, 올바른 판결을 받아 아주 창창할 때 쇠에 묶여 끔찍한
죽음으로 생을 마감한 신을 슬프게 노래하도록 놔두라." 포르퓌리오
스가 신플라톤주의적 해석 안에 있는 '역사적 예수' 및 그의 터무니없
는 가르침을 고수하는 예수 추종자들의 어리석음을 서로 모순되는 것
으로 조소하려고 했던 것은 주목할 만하다. 헤카테는 그리스도가 하
나님인지에 대한 물음에 다음과 같이 대답했다: "너는 불멸의 영혼이
육체 없이 자신의 길을 결정한다는 것을 알고 있다. 하지만 그 영혼은
지혜로부터 벗어나면 늘상 길을 잃는다. 그러한 영혼은 아주 뛰어난
경건을 가진 남자에게 속해 있다. 그런데 경배자들에게 진리는 낯설
다." "그는 왜 유죄 판결을 받았는가?"라는 질문에 이 여신 헤카테는
신탁을 통해 이렇게 대답한다: "육체는 언제나(!) 고통에 노출되어 있
지만 경건한 자의 영혼은 하늘 보좌에 거한다. 그렇지만 이 영혼은 …
오류에 빠짐으로써 다른 영혼들에게 재앙을 초래했다. … 그러나 그
자신은 경건했기에 다른 경건한 자들과 마찬가지로 하늘로 갔다. 그
렇기에 너는 그를 비방해서는 안 되며 사람들의 영의 연약함을 불쌍
히 여겨야 한다. 그가 사람들에게 얼마나 쉽고 갑작스럽게 위험이 됐
는가!"(A. SCHRÖDER의 번역). 우리는 현대의 몇몇 "기독론적" 윤곽
이 신약성경보다 헤카테의 이러한 신플라톤적인 신탁에 가까이 서 있
다고 생각하고 싶어한다.

스러운 죽음은 '이야기의 실마리'가 아니라 도리어 '거리낌'
과 '걸림돌'이었다. 그래서 켈수스는 예수를 예배하는 것과
하드리아누스를 통해 제정된 바 그의 동성 애인 안티노오스
숭배 의식—이교에서도 거리끼는 것이자 멸시받던—사이에
차이가 없다고 조소했던 것이다. 이집트인들은 나일강에서
익사한 안티노오스를 아폴론이나 제우스와 동일 선상에서
칭송하려 하지 않았으며(Orig, c. Cels. 3,36), 대부분 황제에 대
한 두려움으로 인해 강제적으로 예배했을 뿐이다(Justin, 1.
Apol. 29,4). 안티노오스는 비길 데 없는 아름다움으로 인해 올
림푸스의 제우스에 의해 납치되어 신들 가운데 서게 됐던 가
니메데스와 비교될 수 있었지만(Clem. Alex., Protr. 4,49,1), 십자
가에 달린 자는 교양과 품위를 가지고 있었던 고대의 사람들
에게 있어서 어리석음, 수치, 혐오를 나타낼 뿐이었다. 소 플
리니우스의 판단에 따르면 예수에 대한 예배는 일종의 "극
단적으로 기형적인 미신"으로서 그로 인한 처벌이 뒤따랐다
(Ep. 10,96,8). **그래서 기독론의 '헬레니즘화'는 가현설로 인도
될 수밖에 없었다.** 예수의 인성과 죽음은 단지 "보이는 것"
(가현)으로서만 받아들여질 수 있었다(본서 §8).

3. 고대 유대교 안에서의 하나님의 아들

이렇게 전혀 충분하지 않은 결론을 남겨놓고서, 하나님의 아들이나 아들들 개념이 더욱 다양한 방식으로 발전되어 왔던, 당시 유대교 자료들로 돌아가려 한다. 이때 물론 이스라엘 본토와 디아스포라의 종교 사상 운동이 포로기 이래로, 그리고 더욱이 알렉산드로스 이후로부터 차츰 그리스의 정신과 만나게 된다는 사실에 주의해야 한다. 우리는 시대가 변할 당시 유대의 종교 사상에 관한 광범위한 것들을 충분하게 소개할 수 없다. 비길 데 없이 지적이면서도 언제나 새로운 사상과의 충돌을 통합시켰던 그 민족의 역량은 고대 시대에 이미 분명했다.[46] 초기 기독교 사상에 대한 자료들은 본디 유대교 자료에서 탐구되어야 하지, 이교적인 영역에서 직접 탐구될 수는 없다.

3.1. 지혜자들, 기적가들, 왕적 메시아

랍비 저작에서 이스라엘을 집합적으로 표현하여 '아들'

---

46. M. HENGEL, Judentum und Hellenismus (본서 제5장 각주 14번); DERS., Anonymität, Pseudepigraphie und 'Literarische Fälschung' in der jüdisch-hellenistischen Literatur, in: Pseudepigrapha I, Entretiens sur l'Antiquité Classique XVIII, Genève 1972, 231-329 = Judaica et Hellenistica. Kleine Schriften I, 196-251.

로, 또는 '하나님의 아들들'로 표현한 것 외에도, 유대 지혜
문학에서는 이 용어를 특정 **지혜자**나 **의인**을 가리키는 데 사
용한 경우도 있으며, 고대 문서들 중에는 오직 다윗 왕을 위
해 사용한 경우도 있다.

> 고아들을 아비처럼,
> 과부들을 남편처럼 대하라.
> 그리하면 하나님께서 너를 아들이라 칭할 것이며,
> 너에게 긍휼을 베푸시고,
> 너를 구덩이로부터 건져내실 것이다. (집회 4:10)

이 금언 작가의 손자는 이를 그리스어로 번역하면서 저
표현을 현저히 약화시켜 놓았다: "그리고 너는 지극히 높은
자의 아들과 **같이** 될 것이다"(καὶ ἔσῃ ὡς υἱὸς ὑψίστου). 나중에,
후대의 탈무드 문서들에서는 **기적을 행하는 자들**이나 **하나
님에게 열광하는 신비주의자들**이 하나님에 의해 "아들"이라
표현되거나 "나의 아들"이라 불렸다.[47] 한 단계 더 나아간 것

---

47. 이러한 사실은 대부분의 경우 종교사적 논의에서 완전히 간과된다.
   그렇지만 D. FLUSSER, Jesus, rowohlts monographien, 1968, 98ff.; G.
   VERMES, Jesus the Jew, 1973, 206ff.와 JJS 24 (1973), 53f.에서는 무
   엇보다도 하니나 벤 도사를 "하나님의 아들"로 지칭한다: "목소리의

딸(בת קול)은 매일 나가서 외친다: '전 세계가 나의 아들 하니나를 위해 보존됐다. 하지만 나의 아들 하니나는 일주일에 약간의(קב) 구주콩(Johannisbrot)으로 만족한다"(바빌로니아 타아니트 24b; 참조, 바빌로니아 베라코트 17b; 바빌로니아 훌린 86a). 참조, 바빌로니아 타아니트 25a: 하나님이 엘아자르 벤 페다트의 꿈에 나타나셨다: "나의 아들, 엘아자르야, 내가 전 세상을 새롭게 창조하는 것이 너에게 옳은 일인가? …." 바빌로니아 하기가 15b: 하나님이 말씀하신다. "나의 아들 메이에르가 말했다. …" 참조, 모세의 죽음에 대한 미드라쉬, JELLINEK, Betha-Midrasch (Nachdruck Jerusalem 1967), I, 121 Mitte: "거룩하신 분이 즉시 그를 위로하시면서 말씀하셨다: "나의 아들 모세야 …." 참조, 또한 119: "나는 신이고, 너도 신이다"(출 7:1). 바빌로니아 베라코트 7a에 따르면 대제사장 이슈마엘 벤 엘리샤는 하늘의 지극히 거룩한 것들 중 야훼의 모습을 보았다. 야훼가 그에게 말씀하셨다: "나의 아들, 이슈마엘아, 나를 경배하라(segne)." 열 순교자에 대한 전설에 따르면(JELLINEK VI, 21) 이슈마엘은 하나님의 대사(Wesir), 메타트론(본서 §5.3.2 참고—역주)에 의해 "나의 아들"로 불린다. 추정컨대 본래 형태에서는 하나님이 직접 말씀하셨던 것 같다. 왜냐하면 『에녹3서』 1:8에서 하나님이 직접 천사들에게 다음과 같이 말씀하시기 때문이다: "나의 종들, 나의 세라핌(Seraphim: 천사의 일종—역주), 나의 케루빔(Kerubim: 천사의 일종—역주), 나의 오파님(Ophanim: 에스겔의 환상에 나오는 바퀴를 가리키는 단어. 천사들로 해석되기도 함—역주)아, 나의 아들, 나의 친구, 나의 사랑하는 자, 이슈마엘 앞에서 너희 눈을 가려라." 하나님에 의한 "나의 아들" 표현은 팔레스타인 유대교의 카리스마-신비주의 집단에서 어떤 역할을 했음이 틀림없다. 메마르 마르카는 모세를 "하나님의 집의 아들"(האלה בר בית)이라고 불렀다(IV §1, p. 85 MACDONALD). 그리고 랍비 문헌에는 하나님의 '측근/수행원'(פמליה)이라는 고정된 전문용어, 즉 '위의 측근/수행원'(פמליה של מעלה)으로서의 천사가 나온다." 참조, 바빌로니아 하기가 13b; 바빌로니아 산헤드린 99b u. ö.; S.

은 알렉산드리아의 디아스포라에게서 유래한 솔로몬의 지
혜에 나타난다. 이 지혜서의 전반부에서는 악인에 의해 박해
를 받고 죽음에 이르게 되는 전형적인 의인의 고통이 묘사되
어 있다.

> 이 의인이 하나님의 아들이라면, 하나님은 그를 도우실 것
> 이며, 그를 대적자들의 손에서 구원하실 것이다. (2:18, 참조
> 2:13과 2:16)

이 구절은 명백히 공관복음의 수난 기사와 평행점을 보여준
다. 고난받는 지혜자와 하나님의 아들, 이사야 53장의 '하나
님의 종' 사이에는 모종의 분명한 관계가 있는 것으로 보인
다. 이 의인은 죽은 후에 "하나님의 아들들", 곧 천사들 중 하
나로 간주된다(지혜 5:5).[48] 유대교-헬레니즘 소설 『요셉과 아

KRAUSS, Griechische und Lateinische Lehnwörter im Talmud,
Midrasch und Targum, 1899, II, 463. 이 용어는 하늘의 군대를 의미
할 수 있고 또한 하늘에 있는 지혜자들의 의회를 의미할 수도 있다(바
빌로니아 산헤드린 67b). 참조, 기도: "주님, 우리 하나님이여, 당신이
위와 아래의 פמליה 안에서 평화를 이루어주시기를 소망합니다"(바
빌로니아 베라코트 16b/17a).

48. 참조, 이에 대해, L. RUPPERT, Der leidende Gerechte, fzb 5, 1972,
78f. 84.91; K. BERGER, ZThK 71 (1974), 18ff.

스낫』에서 이집트 제사장의 딸 아스낫과 다른 비유대인들은
요셉의 초월적인 아름다움과 지혜로 인해 그를 여러 차례
'하나님의 아들'로 묘사한다. 물론 그의 형제 레위는 요셉을
단지 '하나님의 사랑을 받는 자'라고 부를 뿐이며, 바티폴의
(Batiffols) 번역본에서 요셉은 '하나님의 아들과 같은 자'로 나
온다. 아마도 이것은 그가 하나님의 영역에 속했음을 보여주
는 것으로서, '천사와 같은 모습'(Engelsgleichheit)이라고 표현
할 수도 있을 것이다.[49] 구약의 메시아 본문을 인용하고 있는

---

49. 『요셉과 아스낫』 6:2-6; 13:10; 21:3. 참조, 반면 23:10 (= P. BATIFFOL
   75,4f.); M. PHILONENKO, Joseph et Aséneth, StPB 13, 1968, 85ff.는
   그 칭호를 이집트의 유대교-헬레니즘적 지혜 사상으로 설명하려고 한
   다. 야곱의 아버지 됨이 이 하나님의 아들 표현을 통해 폐기되는 것은
   아니다. 7:5; 22:4. 이 언어 사용과 가장 가까운 평행 본문은 『아브라
   함의 유언』 12장으로 보인다. 거기서 아담의 아들 아벨은 영혼의 심판
   자의 직무를 수행한다. 아벨은 하늘에 있는 수정으로 된 불꽃처럼 빛
   나는 보좌에 앉아 "태양이 빛나듯, 하나님의 아들과 유사한, 놀라운
   남자"(Rez. A: ὅμοιος υἱῷ θεοῦ)로 등장한다. 참조, 또한 『레위의 유언』
   4:2에 나오는 레위에 대한 약속: "지극히 높으신 분이 이제 너의 기도
   를 들으셔서, 너를 불의로부터 분리시키고 너는 그에게 아들, 돕는 자,
   그의 앞에 선 종이 되게 하려 하셨다." 이에 대해, J. BECKER, Unter-
   suchungen zur Entstehungsgeschichte der Testamente der zwölf
   Patriarchen, AGAJU 8, 1970, 263f. 비극 작가 예제키엘(Ιεζεκιήλ)의
   모세에 관한 드라마에 따르면 하나님은 불타는 떨기나무로부터 모세
   에게 말씀하신다: "나의 아들아(ὦ παῖ), 담대하고 내 말을 들으라." B.
   SNELL, Tragicorum Graecorum Fragmenta, Vol. I, 293 Z. 100의 본

쿰란 제4동굴에서 발견된 문서 단편이 증거하는 바, **왕**을 '하나님의 아들'로 보는 전통은 완전히 사라지지 않았다. 거기에서, "내가 그에게 아버지가 되며, 그는 나의 아들이 될 것이다"라는 사무엘하 7:14의 나단 신탁은 "다윗의 싹/자손", 말하자면 "마지막 날 시온에 나타나게 될" 다윗 왕 혈통의 메시아를 가리키는 것으로 옮겨졌다(4QMidrEschat^a III,11f.). 이어서 시편 2편도 인용되는데, 안타깝게도 사본의 단편이 손상되어 있어 2:7을 확인하기는 어렵다. 다른 단편에서는 메시아의 탄생이 하나님의 행함에 의한 것이라고 이야기한다:[50] "[하나님이] 메시아를 그들 중에 태어나게 하실 때"(1QS^a 2,11f.). **랍비 시대**에도, 모든 반기독교적인 논쟁에도 불구하고, 시편 2:7 및 그와 유사한 구절들과 메시아 사이의 관련성이 완전히 없어지지는 않았다. 마찬가지로 제4동굴에서 출토됐고 임시적이며 단편적으로 출판된─매입(!)된 지 16년이 지나서야─아람어 문서는 다니엘 외경 부분의 종말론적 내용에서 비롯했는데, 여기에 '하나님의 아들' 표현이 여러 차례 나

문. Jos., Ant. 2,232에 따르면 새로 태어난 아이 모세는 형상에 있어서 신적인 아이였다(παῖς μορφῇ τε θεῖος).

50. 참조, E. LOHSE, ThWNT VIII, 362f.; G. VERMES, Jesus the Jew, 1973, 197ff. W. GRUNDMANN, in: Bibel und Qumran. Festschrift H. Bardtke, 1968, 86-111.

타난다. J. A. 피츠마이어(Fitzmyer)는 그 대목을 다음과 같이
보충하여 번역했다.

> [… 하지만 당신의 아들은] 땅 위에서 크게 될 것이다. [오, 왕이여!
> 모든 사람들은 평화롭게 되며] 모든 이들이 [그를] 섬기게 될 것이
> 다. 그는 위대한 [하나님의 아들이라] 불릴 것이며, 그분의 이름
> 으로 불릴 것이다. 사람들은 그를 **하나님의 아들**이라 일컬
> 으며, **지극히 높은 곳에 계신 분의 아들**이라 부를 것이다.
> 혜성이 분명하게 나타나듯[문자적으로, '눈에 보이는 혜성과 같
> 이'], 그들의 나라도 그렇게 될 것이다. 몇 해 동안 그들은 땅
> 을 통치할 것이며, 모든 것들을 짓밟을 것이다. 한 민족이
> 다른 민족을 짓밟을 것이며, 한 나라가 다른 나라를 짓밟을
> 것이다. 하나님의 백성이 일어나고 모든 자들이 칼 앞에서
> 쉬기까지 말이다.

J. T. 밀리크(Milik)는 또 다른 추가적인 사항을 근거로 하나님
의 아들을 셀레우코스의 찬탈자 알렉산드로스 발라스로 추
측했지만, 피츠마이어는 유대의 통치자로 보았다. 다니엘
7:13의 "사람의 아들"과 유사하게 '하나님의 아들'이라는 어
구를 유대 민족을 집합적으로 가리키는 해석으로 보는 것이

완전히 배제될 수는 없다. 또한 피츠마이어가 명확하게 가리키는 바, 누가복음 1:32-33, 35에서 예수가 메시아적 하나님의 아들로 불리는 것과의 평행은 흥미롭다. 그 이상의 결론을 이끌어내기 위해서는 (아람어로 된 다니엘 외경의) 전체 본문이 출판되기를 기다려야 하며, 그렇다 하더라도 이 문서의 난제가 결코 만족스럽게 해결되지 않을 수도 있다. 그렇지만한 가지 분명해진 것은 '하나님의 아들' 칭호가 팔레스타인 유대교에서 완전히 낯설지 않았다는 사실이다.[51]

---

51. BILLERBECK III, 19ff. 거기에는 기독교의 아들 개념을 반박하는 증거도 있다. 페시크타 라바티 37(FRIEDMANN 163a)에는 렘 31:20("내게 사랑받는 아들은 에브라임이다")이 나오는데 이는 고난받는, 요셉의 아들 메시아를 가리킨다. 메시아는 높아진 후 민족을 심판하는 심판자로 임명된다. 본서 §6.3을 보라. 시 89:27[89:26 개역개정]에 대한 타르굼에서 하나님은 다윗계 왕, 즉 메시아에게 다음과 같이 약속하신다: "그는 나를 '당신은 나의 아버지, 나의 하나님, 나의 구원의 능력이십니다!'라고 부를 것이다"(הוא יקרא לי אבא אתה ...; 참조, 롬 8:15과 갈 4:6에서 영이 부르게 하는 것(κράζειν). 최초기 기독교에 있었던 '압바'(Abba)—예수에게로 거슬러 올라가는 것이 분명한—라는 기도 호칭의 뿌리가 여기에 있을 수 있다. 본서 제6장 각주 8번을 보라. 출애굽기 랍바 19:7에서 랍비 나탄(160년경)은 시 89:28[89:27 개역개정]에 나타나는 "나는 또한 그를 장자로 삼을 것이다"라는 진술을 메시아에 대한 것으로 본다. BILLERBECK III, 258. 새로운 '하나님의 아들' 본문인 4Q246에 대해서는 J. A. FITZMYER, NTS 20 (1973/74), 391ff.와 매우 상세한 J. ZIMMERMANN, Messianische Texte aus Qumran, WUNT II/104, 1998, 128-170을 보라.

무엇보다도 우리는 여기서 오로지 탁월한 인간들을 '하나님/신의 아들들'로 표현했다는 주장을 반박할 것이다. 그리고 이 표현이 선재하던 자나 창조의 중보자 개념은 말할 것도 없고 인간에게로 옮겨진(Übertragung) 신적 존재를 가리키는 것이 아니라는 주장을 반박할 것이다. 적어도 솔로몬의 지혜나『요셉과 아스낫』에는, 어떤 사람과 하늘의 '하나님의 아들들'의 세계 사이에 관련성이 암시되어 나타난다. 이어서 나는 저러한 경계가 분명하게 없어진 두 개의 유대교 문헌, 곧 팔레스타인 문서 하나와 디아스포라 문서 하나를 살펴보려 한다.

3.2. 유대교 신비주의: 메타트론

히브리어『에녹3서』로 불리는 유대 신비주의에서 유래한 문서에는 인간 **에녹**이 창세기 5:24에 따라 지극히 높은 하늘로 올려졌다가 불꽃 천사 형상으로 변화되는 장면이 나타난다. 에녹은 '**메타트론**'과 같이 전권을 가진 자, 곧 하나님의 전권대사로서 직무를 수행하기 위해 하나님의 보좌 곁에 앉아 모든 천사들을 세운다. 에녹은 '세계의 군주'의 역할을 받았고, 더 나아가 '작은 야훼'로 불리기까지 했다. 저 문서와 승천한 그리스도의 즉위에 대한 신약성서의 진술과의 평행

이 이미 오랫동안 인지되고 있었는데,[52] 이는 분명히 에티오
피아어 『에녹서』 70장과 71장에 나타나는 것과 같이 더 오래
된 '사람의 아들' 전승에 의존하고 있었다. 다만 랍비 시대에
는 기독교와의 갈등으로 인해 '사람의 아들'이나 '하나님의
아들' 같은 기독교적 칭호가 사용될 수 없었다. 에녹은 하나
님에 의해 '나아르'(נער), 곧 "젊은이"라는 애매한 명칭을 수
여받는다.[53] 이것이 '아들'이나 '사람의 아들'과 같이 더 이상

---

52. "세계의 군주"(Fürst der Welt): 『에녹3서』 30:3; 38:3; 참조, 출애굽기
     랍바 17:4; 바빌로니아 하기가 12b; 바빌로니아 예바모트 16b; 바빌로
     니아 훌린 60a 등등; "작은 야훼": 『에녹3서』 12:5; 48C:7; 48D:1,102.
     "JHWH"라는 문자도 나타난다. 48D:1,17을 보라. 이에 대해, H.
     ODEBERG II, 28, 174과 『에녹3서』 1:4; 10:3 등을 보라. 참조, J.
     JEREMIAS, ThWNT V, 687 Anm. 256. 민수기 랍바 12:12에 따르면
     그는 하늘의 대제사장으로서 의로운 자들의 영혼을 이스라엘을 위한
     속죄로 제공한다. 참조, G. SCHOLEM, Jewish Gnosticism, Merkabah
     Mysticism …, ²1965, 45ff. 131. 기독론에 대해서는 H. R. BALZ,
     Methodische Probleme der neutestamentlichen Christologie,
     WMANT 25, 1967, 87-112; O. MICHEL, Der Brief an die Hebräer,
     KEK 13¹², ⁶1966, 105; K. BERGER, NTS 17 (1970/71), 415. 이와 관련
     한 중보자는 『아브라함의 묵시』에 나오는 야오엘이다. 메타트론에 관
     한 사변은 영지주의적인 『피스티스 소피아』(Pistis Sophia)와 영지주
     의 작품(Buch Jeu) 양쪽에서 수용됐다. ODEBERG I, 188ff.를 보라.

53. 『에녹3서』 2:2; 3:2; 4:1, 10; 참조, 이에 대해, ODEBERG II, 7f.; I, 80.
     만다이아교와의(mandäische) 평행에 대해서는 68f., 분명 더욱 고대
     의 유대교 사변에 의존하고 있는 영지주의와의 평행에 대해서는 191
     을 보라. 바빌로니아 예바모트 16b에 따르면 그는 '나아르'(נער), 곧

사용될 수 없었던 기독론적인 칭호들을 대체할 수 있었을 것이다. 랍비들은 "그 이름이 주의 이름에 비견된다"는[54] 이유로 이 메타트론을 하나님과 혼동해서는 안 된다고 경고한다. 신비주의적 랍비이자 후대의 배교자, 엘리샤 벤 아부야가 환상 중에 장엄한 보좌에 앉은 메타트론을 보았을 때, 다음과 같이 외쳤다고 한다: "하늘에는 진실로 두 개의 신적인 권세가 있도다!" 이 인식은 엘리샤가 유대교를 버리게 되는 계기가 됐다.[55] 이와 유사한 개념들이 메시아에게도 적용될 수 있

젊은 자일 뿐 아니라 '자켄'(זָקֵן), 곧 늙은 자이기도 하다(시 37:25).

54. 바빌로니아 산헤드린 38b; 참조, 『에녹3서』 12:5: "그리고 그는 나를 פמליה(본서 제5장 각주 47번)의 존재 가운데 있는 (더) 작은 야훼라고 불렀다. '왜냐하면 나의 이름이 그 안에 있기 때문이다'(출 23:21)라고 기록된 것처럼 말이다." '테트라그람마톤'(Tetragramm)과 관련된 다른 천사에 대해서는, 29:1과 30:1을 보라. ODEBERG II, 104f. 여기에 (칠십인역에서 본래 '테트라그람마톤'에 대한 '케레'[Qere: 히브리 성서의 구전 전승 독법―역주]로 나타나는) '퀴리오스' 칭호가 높여진 그리스도에게 사용된 사례가 나타난다. 『아브라함의 묵시』 10장에 나타난 야오엘에 대해 언급하고 있는 K. BERGER, ZThK 71 (1974), 19 Anm. 36도 그와 비슷하게 평가했다.

55. 『에녹3서』 16:2; 참조, 바빌로니아 하기가 15a. 메타트론은 극악한 배교자 엘리샤(= 아헤르)의 신성 모독으로 인해 불방망이질을 60차례 당한다. 여기에는 이러한 식의 천상의 신비주의적 사변을 위험한 것으로 간주하는 반(反)메타트론적인 해석이 놓여 있다. '두 권세'에 반박하는 랍비들의 주장에 대해서는, H.-F. WEISS, Untersuchungen zur Kosmologie (본서 제3장 각주 17번), 324f.를 보라.

음을, 다니엘 7:9의 보좌들에 대한 아키바의 해석이 보여준 다: "하나는 하나님을 위한 것이며, 다른 것은 다윗, 곧 메시 아를 위한 것이다." 이에 대해 갈릴리의 랍비 요세는 노하면 서 반박했다: "아키바여, 당신은 언제까지 신의 존재(Sche-china)를 모독할 것입니까?"[56]

3.3. 『요셉의 기도』

여기서 물론 사람들은, 이 전승이 높은 기독론(Erhöhungs-christologie, "고기독론")과 유사하며 절대적인 주권 수여와 더불 어 한 인간이 신과 유사한 지위를 가지게 된 것을 설명해 주 지만, 모든 시간에 앞서는 **선재**, 창조의 중보자, 보내짐, 인간 이 됨 사상은 설명하지 않는다고 말할 수도 있을 것이다. 이 때 그리스어권 디아스포라로부터 유래한 한 본문이 우리를 돕는다. 오리게네스는 자신의 요한복음 주석에서 유대교 외 경의 한 부분, 이른바 『요셉의 기도』를 인용한다. 거기서 '주

---

56. 바빌로니아 산헤드린 38b. 이와 평행되는, 바빌로니아 하기가 14a. 여 기에는 동시에 사람의 아들에 대한 메시아적 해석이 아키바를 통해 나타난다. 참조, BILLERBECK I, 486; 무엇보다도 대상 3:24에 나오 는 아나니를 "구름의 아들", 말하자면 메시아로 해석한다. 또한 페시 크타 라바티와 본서 제6장 각주 20번에 나오는 승귀 메시아론 (Erhöhungsmessianologie)도 보라.

의 권세를 가진 대천사이자 하나님의 아들들 중 최고 사령
관'이 인간이 되어 하나님의 백성의 선조인 **야곱-이스라엘**로
등장한다. 야곱은—다른 족장 아브라함과 이삭과 함께—그렇
게 '모든 피조물보다 앞서 창조'되고 하나님으로부터 이스라
엘, 곧 '하나님이 생명을 부여하신 모든 생명들 중 가장 먼저
난 자이기에 하나님을 본 사람'이라는 이름을 받았다. 야곱
은 익명으로 땅 위에 내려왔는데, 야곱 아래에 있었던 천사
우리엘은 강한 질투심으로 불타 얍복강에서 그와 겨루었지
만(창 32:25ff.), 야곱이 비할 데 없이 높은 지위를 가지고 있다
는 이야기를 듣고 정복당했다. 출애굽기 4:22에서 이스라엘
민족을 집합적인 의미로 가리키고 있는, **"이스라엘은 나의
맏아들이다!"** 라는 진술은 야곱으로서 인간의 모습을 취하여
이스라엘의 조상이 된, 선재했던 지극히 높은 영적인 존재
(πνεῦμα ἀρχικόν)로 해석된다. 그래서 야곱-이스라엘은 하늘에
있는 운명의 계획표를 읽을 수 있었기에, 자신의 아들들에게
하나님의 민족의 전 미래를 선언할 수 있었다는 것이다.[57]

---

57. Orig., in Joh 2,31 §189f. (GCS 10, 88f.), 참조, Orig., in Gen 1,14 (3,9)
     bei Euseb, pr. ev. 6,11,64 (GCS 43.1, 356). A.-M. DENIS, Fragmenta
     Pesudepigraphorum quae supersunt graeca, Leiden 1970, 61f. 더하여
     DERS., Introduction aux pseudépigraphes grecs …, Leiden 1970,
     125ff.와 상세한 논문인 JONATHAN Z. SMITH, The Prayer of

3.4. 선재하는 지혜

우리는 지금껏 **창조의 중보자** 개념을 충분히 다루지 못했는데 이는 주전 3세기 이후 유대 지혜 전승에 지속적으로 나타난다. 이미 잠언 8:22 이하에 나타나는 기본적인 지혜 찬가에서는 지혜가 모든 피조물보다 앞서 태어났으며, 하나님의 사랑하는 자녀이고, 세계가 창조될 때에 현존했다고 이

Joseph, in: Religions in Antiquity. Essays in Memory of E. R. Good-enough, Leiden 1968, 253-294도 보라. SMITH는 유대 신비주의와 지혜 사상 사이의 관계를 강조하고 그 단편의 유대적 기원을 증명한다: "유대인들이 기독론적 칭호를 모방했다기보다는 기독교인들이 이미 존재하던 유대교의 용어를 차용했을 것이다"(S. 272). 몇몇 랍비들은 출 4:22을 주로 집단적 이스라엘이 아니라 족장들로 해석한다. 예를 들어, 출애굽기 랍바 19:7에 나오는 랍비 나탄은 이렇게 해석한다: 하나님이 모세에게 말씀하셨다. "내가 야곱을 장자로 삼아 '이스라엘은 나의 장자다'라고 한 것처럼, '내가 그를 장자로 삼을 것이다'(시 89:28[89:27 개역개정])라고 기록되어 있듯이 그 왕 메시아를 장자로 삼을 것이다." 참조, 『에녹3서』 44:10 (ODEBERG): "나의 사랑하는 아브라함, 나의 선택을 받은 이삭, 나의 장자 야곱." J. Z. SMITH는 이렇게 결론 짓는다: "『요셉의 기도』는 이스라엘의 신비 신화라고 할 수 있다. 그 자체가 천사장 이스라엘의 강하 이야기, 야곱의 몸과 그의 기억 안에서 육화한 이야기, 이전의 천상의 장소로 올라가는 이야기다"(S. 287). H. WINDISCH, in: Neutestamentliche Studien: Georg Heinrici … dargebracht …, UNT 6, 1914, 225 Anm. 1은 이 단편의 의미를 이미 인지하고 있었다: 그 "관용적 표현은 골 1:15과 같은 지혜 사상을 연상시킨다." 참조, A. D. NOCK, Essays, II (본서 제2장 각주 9번), 931f.

야기한다.

> 땅의 기초를 놓을 때
> 나는 그의 곁에서 사랑받는 자로 있었다.
> 그리고 나는 날마다 그의 기쁨이었고
> 그의 앞에서 언제나 즐거워했으며,
> 그의 땅 위에서 즐거워했다.
> 그리고 사람의 자녀들에게 나의 기쁨이 있었다. (8:29-31)

하나님 가장 가까이에 서 있던 이 독특한 창조와 계시의 중보자는 헬레니즘 시대에 유대교 내에서, 플라톤주의적인 세계의 정신이나 스토아주의적인 '로고스'와 어림잡아 비교될 만한, 어떤 기능을 갖게 된다.[58] 지혜는 세계에 질서를 세우고 사람들에게 합리성을 전달해준다. 즉, 하나님은 "자신의 모든 피조물들에게 지혜를 내려주셨다"(집회 1:10). 하지만 이 진술로 지혜의 보편성을 강조했던 벤-시라는 당대 지적/정신적 투쟁(geistigen Kampf)으로부터만 이해할 수 있는 급진적인 방식으로 지혜의 배타성 역시 분명하게 선언했다. 즉, 지혜가 하늘과 땅을 두루 다녔지만 거할 곳을 찾지 못했다는 것

58.　M. HENGEL, Judentum und Hellenismus 275ff., 292ff.

이다.

> 온 세계의 창조주께서 내게 명령하시고,
>
> 내가 쉴 장막을 만들어주시며,
>
> 말씀하신다. "너는 야곱의 땅에 네 장막을 세우고
>
> 이스라엘 안에서 네 유산을 받아라!"
>
> 태곳적부터, 태초부터 나는 창조됐다. (시리아역; 불가타역)
>
> 그리고 나는 영원토록 사라지지 않을 것이다.
>
> 그분이 계신 거룩한 장막 안에서 나는 그분을 섬겼다.
>
> 그래서 나는 시온에 자리를 마련하게 됐다.
>
> 그분이 나와 같이 사랑하시는 이 도시에서,
>
> 나는 쉼을 얻었고, (시리아역; 불가타역)
>
> 예루살렘은 나의 통치 영역이 됐다.
>
> 주의 분깃이자, 주의 유업인
>
> 영광 가득한 백성 안에 나는 뿌리를 내렸다. (시리아역)
>
> (24:8-12 V. Hamp의 번역)

말하자면, 지극히 높은 중보자는 하늘의 거룩한 곳을 떠나
땅의 한 곳으로 내려왔다. 이곳은 이스라엘의 하나님이 선택
하신 곳이며 예언자들의 약속에 따르면 메시아의 보좌가 서

게 될 예루살렘 시온산에 있는 성전이다.[59] 하지만 지혜가 이 렇게 배타적으로 제한되는 것은 한 걸음 더 나아간다. 즉, 벤-시라에게 있어서 이 신적인 지혜는 모세의 토라와 일치한 다.

> 이 모든 것은 지극히 높으신 (하나님의) 언약의 책이며,
>
> 우리 야곱 가문의 유산으로
>
> 모세가 제정해 준 율법이다. (24:23)

---

59. Op. cit. 284ff.; J. MARBÖCK, Weisheit im Wandel, BBB 37, 1971, 17ff., 34ff., 63ff.; 참조, H. GESE, Natus ex virgine (본서 제5장 각주 11번), 87 = 144f.: "태초에 창조된 하나님의 자녀로 소개되는 지혜, 곧 후대의 지혜 신학에 본질이 된 지혜(잠 8:22ff.)는 시온의 왕이 야훼의 질서를 대표하는 것과 비슷한 기능을 가지고 있다. 이스라엘에 대한 야훼의 계시와 동일시되는 지혜는 선재하는 신적 로고스로서(집회 24:3ff.) 언약궤처럼 오직 시온에서 … 상존하는 거처를 발견할 수 있다는 개념으로 이끈다(7ff.). 이처럼 지혜 신학은 그 뿌리에 있어서 시온의 메시아 사상과 연관되어 있고, 이 관계는 하나님의 아들을 보내는 것에 대해 이야기하는, 비교적 일찍이 쓰인 신약성서의 '하나님의 아들'(υἱὸς θεοῦ)-본문들 안에 전제되어 있다. … 시온 신학의 지혜적 해석은 하나님의 아들(υἱὸς θεοῦ)의 선재 개념으로 인도했다. 그리고 다윗의 시대를 태고 시대(Urzeit)로 보고, 그리고 이어서 미 5:1[5:2 개역개정]과 같이 종말론적 메시아의 시초론적 기원을 가르치고 있는 전통이 새로운 빛으로 분명하게 나타났다."

이것은 우주적인 규모의 신적 지혜가 하나님에 의해 땅 위의 확정된 장소에 보내졌고, 동시에 이스라엘에게 맡겨진 시내산 율법의 형태를 취했다는 것을 보여준다. 유대인들은 지혜와 토라 사이의 이러한 동일시를 계속적으로 고수했고, 그러면서 동시에 지혜의 보편적·우주적 측면도 항상 강조했다. 랍비들과 마찬가지로 유대 종교철학자 필론에게 있어서 지혜-토라는 하나님이 세상을 창조할 때 사용한 설계도 내지 연장에 비유되는데, 양자는 모두 **'하나님의 딸'**로도 지칭될 수 있었다.[60] 필론의 『창세기에 대한 질문과 대답』(Quaest. Gen., 4,97)에 따르면 지혜-토라는 "하나님의 딸이자 가장 먼저 태어난 만물의 어머니"이다. 여기서 이 묘사가 단지 메타포적-회화적인 것인지, 혹은 이면에 인격화된 실체가 존재하는지 묻는 것은 부차적인 문제다. 지혜와 토라는 기본적으로 상호 교환이 가능했다. 또한 알렉산드리아의 솔로몬의 지혜에서 지혜는 어떤 면에서 포괄적·우주적 의미를 지닌다. 곧, 지혜는 '하나님의 능력의 숨결'이며, '전능자의 광채가 순수하게 유출된 것'이고, '(그의) 영원한 빛의 반사'이자 '그의 (완

---

60. M. HENGEL, op. cit. 307ff. "하나님의 딸"로서의 토라에 대해서는, 310 Anm. 404. 필론의 "하나님의 딸"로서의 지혜에 대해서는, Fuga 50ff.; Virt. 62; Quaest. Gen. 4,97을 보라.

전한) 선함의 형상'이다. 여기에서 우리는 기독론적 진술들에 나타나는 묘사와 개념을 문자 그대로 볼 수 있다.[61] 다른 한편으로 지혜는 '하나님의 딸'로 묘사되기보다, 더 신화적인 방식으로, 하나님의 "삶의 동반자"(지혜 8:3), "보좌의 동석자"(9:4)로 표현된다. 더불어 지혜의 감동을 받는 의인은 "하나님의 아들"(2:18)로, 또한 이스라엘도 "하나님의 아들"(18:13)로, 그리고 지혜로 교육을 받은 이스라엘 민족은 "하나님의 자녀들"(9:4, 7; 12:19, 21; 16:21 등)로 불린다. 지혜는 신적인 영의 모습으로 보내지고(9:10) "거룩한 영혼 안에 들어가" "하나님과 예언자들의 친구"가 되게 한다(7:7, 22-23; 9:17-18). 말하자면, 지혜는 이스라엘의 거룩한 역사 안에서 영향을 미친다(7:27). 그렇지만 동시에 지혜는 스토아철학의 '로고스'와 같이 모든 만물을 완전히 지배한다(8:1).[62]

---

61. 솔로몬의 지혜 7:26; 참조, B. L. MACK, Logos und Sophia, StUNT 10, 1973, 67-72. 하지만 일방적으로 이집트화된 해석은 요점을 놓치고 있다. 우리는 여기에서 전형적인 언어인, 헬레니즘의 종교적 '코이네'를 확인할 수 있다. 참조, J. M. REESE, Hellenistic Influence on the Book of Wisdom and its Consequences, Analecta Biblica 41, 1970, 41ff. 그 저자는 대중철학 및 **헬레니즘**의 이시스 찬가의 영향 아래 있는데, 이것들은 더 오래전에 있었던 이집트의 선례와는 완전히 다르다. 참조, 히 1:3; 골 1:15; 고후 4:6.

62. 참조, C. LARCHER, Études sur le livre de la Sagesse, Études bibliques, 1969, 329-414: La Sagesse et l'Esprit.

3.5. 알렉산드리아의 필론

이러한 지혜는 바울보다도 한 세대 앞선, 알렉산드리아의 유대 종교철학자 필론의 작품에서 매우 비슷한 경향으로 나타난다. 물론 필론의 저작에서 개념들의 엄격한 조직화를 전제해서는 안 되며, 아주 자유롭고 대담한 관념체들(Assoziationen)을 기대해야 한다는 사실에 주의할 필요가 있다. 필론은 예컨대 우리가 이미 살펴본 잠언 8:22 단락에 나타나는 지혜 찬가를 명확히 거론하면서 하나님—만물의 '창조주'—을 아버지로, 그리고 지혜와 동일시되는 신적 이성(ἐπιστήμη)을 세계의 어머니로 묘사한다: "그녀[신적 이성]는 하나님의 씨를 잉태한 후, 유일하고도 사랑받으며 인지 가능한 아들, 곧 우리의 이 세계를 무르익은 열매로서 고통 중에 낳았다."[63] 여기서 **유대의 지혜 사상은 『티마이오스』**(*Timaios*)에 나

---

63. Ebr. 30f.; 참조, fug. 109: 아버지로서의 하나님; 대제사장의, 곧 '로고스'의 어머니인 지혜—"이를 통해 만물이 존재가 됐다"; 비슷한 경우로는 Quod det. pot. 54. B. L. MACK, op. cit. 145을 보라. 전체에 대해서는 또한, H. HEGERMANN, Die Vorstellung vom Schöpfungsmittler (본서 제3장 각주 17번)와 H.-F. WEISS, Untersuchungen zur Kosmologie (본서 제3장 각주 17번), 248-282을 보라. A. S. CARMAN, Philo's Doctrine of the Divine Father and the Virgin Mother, AJTh 9 (1905), 491-518과 A. MADDALENA, Filone Alessandrino, Milano 1970, 298-317: Il figlio e il padre; 345-358: Dal figlio al padre.

타나는 플라톤주의적 창조론과 결합된다. 곧, 만물의 아버지
로서의 하나님은 아들로서의 세계에 대응한다. 그렇지만 필
론은 세계를 영적 이상세계와 보이는 세계로 구분한다. 전자
는 **'가장 오래된 맏아들'**이며 그 자체로 '로고스', 곧 신적인
세계-이성과 동일시된다. 영원한 신성과 인지 가능한 창조된
세계 사이의 중보자인 그는 동시에 하나님의 "형상"(εἰκών)이
기도 하다.[64] 필론은 그를 다양한 방식으로 기술하여, 비인격
화된 것으로서는 '영적인 세계'로, 인격화된 것으로서는 하
늘의 대제사장, 죄가 없는 중보자, 영적인 최초의 인간, 변호
자, 대천사로, 또한 제2의 하나님(δεύτερος θεός)으로, 그리고
창조된 것도 창조되지 않은 것도 아닌 하나님의 사자/보냄
을 받은 자이자 자연의 요소들(Elemente)과 별들을 통치하는
관리자로 묘사한다.[65] 반면 보이는 세계는 '작은 아들'이며,

---

64. Conf. ling. 62f.에서는 슥 6:12의 메시아적 '쩨마흐'(צמח = ἀνατολή)
　　를 가장 오래된 '장자인 아들', 즉 '로고스'로 이해한다. 중보자 위치에
　　대해서는 quis rer. div. 205f.를 보라. 참조, conf. ling. 146; agr. 51;
　　somn. 1,215; quod det. pot. 82; spec. leg. 1,96 u. a. εἰκών으로서의 '로
　　고스'에 대해서는 F.-W. ELTESTER, Eikon im Neuen Testament (본
　　서 제3장 각주 18번), 35ff.를 보라.

65. E. SCHWEIZER, ThWNT VIII, 356f.; B. L. MACK, op. cit. 167ff.
　　MACK이 말했던 것처럼 '아들'과 '형상'으로서의 '로고스' 개념 뒤에
　　이집트의 호루스 신화가 놓여 있을 가능성은 희박하다. MACK은 필
　　론이 서 있는 중기 플라톤 전통을 과소평가했다. (필론의) 빛 용어

시간은 '하나님의 손자'이다. 또한 중보자 역할도 맡고 있는 "작은 아들"은[66] "아들이 아버지의 존재를 일깨워주듯, 작품이 장인(Werkmeister)의 존재를 일깨워주듯 나를 일깨워"줄 수 있다.[67] 기묘하게도 필론은 **'하나님의 아들' 표현을 인간에게 적용할 때 어떤 제한을 두었다.** 『창세기에 대한 질문과 대답』(1,92)에서는 (창세기 6:4을 다루면서) 천사들이 사람에 의해 태어난 것이 아닌, 육체가 없는 영이기 때문에 '하나님의 아들들'로 불린다고 설명한다. 여기서 필론은 모세가 '선하고 뛰어난 사람들'을 가리켜 '하나님의 아들들'이라고 칭했다는 것과 '악한 사람들'을 단지 '육체'라고 불렀음을 덧붙인다. 『특별한 법들에 대하여』(Spec. leg. 1,318)에서는 신명기 13:18과

(Lichtterminologie)는 고대에 너무 일반적이어서 거기서 종교사적 결론들을 충분하게 끌어내기는 어렵다. 필론의 해석(이집트 신화학, 신비주의 신학, 영지주의, 구약과 유대교)에 대해 지나치게 단순화하려는 시도들은 오도될 수 있으며 종합적이고 복잡한 필론 사상의 특징을 바르게 파악하지 못할 수 있다. '두 번째 하나님'으로서 '로고스'에 대해서는, Quaest. Gen. 2,62 = Euseb, pr. ev. 7,13,1을 보라: "필멸자(인간을 의미—역주)는 결단코 지극히 높으신 분, 만물의 아버지를 닮을 수 없지만, (오직) 두 번째 하나님이신 '로고스'를 닮을 수는 있다"; 참조, 롬 8:32과 H.-F. WEISS, op. cit. 261 Anm. 8. 참조, somn. 1,228ff. 에 나오는 사상도 살펴보라. θεός와 ὁ θεός에 대해서는 본서 제6장 각주 29번을 보라.

66. Quod deus imm. 31f.; (잠 8:22을 인용하는) ebr. 30ff.

67. Spec. leg. 1,41.

14:1 모두에 근거하여 "'[자연에] 적합한 일과 아름다운 일'을 행하는 사람들이 하나님의 아들들"이며 이때 육체의 혈통은 아무런 역할을 하지 못한다고 결론지었다. 이로써 아들 개념이 이스라엘 민족으로 국한되는 것은 사라진다. 이 개념을 인간에게 적용함에 있어 제한을 두는 필론의 태도는 무엇보다도 『언어의 혼란에 대하여』(conf. ling. 145ff.)에 분명하게 나타난다. 특히 신명기 14:1과 32:18을 인용하면서 누구든지 하나님의 유일성을 지각하고 있어야 "유일한 하나님의 아들들"로 불린다는 사실을 강조한다. (필론에게 있어서) 이는 도덕적인 악함, 곧 욕망을 제거하기 위하여 "[도덕적인] 아름다움을 선한 것으로 여기는" 전통적인 스토아철학의 태도로 보완된다. 이때 필론은 제한을 둔다: "그러나 하나님의 아들이라 칭함 받기에 아직 적절하지 않은 자"라면 "그분의 맏아들 로고스, 천사들 중 가장 오래된 자, 대천사, 이름이 많은 자" 및 동시에 "시초, 하나님의 이름, 말씀, 사람의 형상을 가진 자, (하나님을) 본 자, 이스라엘로 불리는 자(… κατὰ τὸν πρωτόγονον αὐτοῦ λόγον, τὸν ἀγγέλων πρεσβύτατον …· καὶ γὰρ ἀρχὴ καὶ ὄνομα θεοῦ καὶ λόγος καὶ ὁ κατ' εἰκόνα ἄνθρωπος καί ὁ ὁρῶν, Ἰσραήλ, προσαγορεύεται)에게 속해야 한다."

필론은 창세기 42:11, "우리 모두는 한 사람(야곱-이스라엘)

의 아들들이다"라는 진술을 증거 삼아, "하나님의 아들들로
간주되기에 아직 충분하지 않은 자들"은, 적어도 하나님의
"보이지 않는 형상"인 "가장 거룩한 로고스"의 아들들이 되
어야 한다고 강조한다. 이는 물리적인 출산이 아니라 "덕으
로 불멸에 이른 영혼의 출생"에 관한 것이다(conf. ling. 149). 여
기에 '로고스'의 구원 기능이 특히 분명하게 나타난다. 하나
님의 '맏아들'인 '로고스'만이 사람들을 영적으로 재탄생시
킴으로써 '하나님의 아들' 표현에 적합하도록 만들 수 있다.
마찬가지로, 물론 필론의 언어 사용이 매우 철학적인 특징을
나타내기는 하지만, '[하나님을] 본 자', '이스라엘'을, '시초',
'가장 오래된 대천사'로 해석하는 것은 위에서 이미 언급했
던 『요셉의 기도』를 명료하게 해준다. 디아스포라 유대교에
있어서 이러한 식의 사변은 분명 낯선 것이 아니었다.

　필론이 '하나님의 아들' 개념을 구속사 속의 구체적인 인
물을 가리키는 것으로 거의 사용하지 않았던 것은 더더욱 특
이하다. 필론은 아버지가 없는 영적인 출산에 대하여 말하기
를 즐겨하면서 이와 관련하여 이삭을 '하나님의 아들'로 한
차례 언급하긴 했지만, 이 명칭을 역사 속 이삭에게 직접 적
용한 것은 아니다. 그보다도 필론은 이삭의 이름을 알레고리
적으로 해석하여 "모든 고조된 감정 중 최고", "내면의 영적

인 웃음", 하나님이 "기쁨과 즐거움을 위해 수여한 평화로운 영혼"을 가리키는 것으로 보았다(mut. nom. 130f.). 그 외에 '하나님의 아들' 표현은 **아브라함**에게만 단 한 차례 적용되는데―지나가듯이―이는 창세기 18:17("내가 나의 친구[칠십인역에는 '나의 종'(παῖς μου)으로 나타남] 아브라함에게 내가 할 일을 숨길 수 있을까?")의 해설과 관련된다. 지혜자와 같이 그렇게 하나님과 친구가 된 자는 "인간의 행복의 한계를 뛰어넘는다. 그러한 자는 하나님을 아버지로 선택한 자이고 오직 하나님의 아들로 **입양**된 자이다. 그리고 그는 다만 고귀한 혈통으로부터 난 자이다"(μόνος γὰρ εὐγενὴς ἅτε θεὸν ἐπιγεγραμμένος πατέρα καὶ γεγονὼς εἰσποιητὸς αὐτῷ μόνος υἱός). 이와 관련하여 지혜자는 훌륭한 스토아철학의 작풍(Manier)에서 참된 부자, 자유자, 왕으로 칭송받는다(sobr. 56f.).[68]

---

68. 참조, 창 18:33을 다루는 Quaest. Gen. 4,29에서는 하나님과 아브라함의 만남이 지혜자의 황홀경으로 묘사된다. 그러한 만남은 지속될 수 없기에 지혜자는 되돌아갈 준비가 되어 있어야 한다. "왜냐하면 아들들이 아버지 앞에서 모든 일을 할 수는 없기 때문이다. …" Quaest. Gen. 4,21은 아브라함을 칠십인역 창 18:17과 마찬가지로 "나의 종"이라고 부른다. Leg. all. 3,18도 마찬가지다. K. BERGER (ZThK 71 [1974], 7 und NTS 20 [1973/74], 34f. Anm. 132)는 아브라함을 지혜자, 하나님의 양자, 부자, 자유자, 왕과 연결 지으면서 비정치적 왕권이라는 헬레니즘-유대교 전통을 보려고 했다. 이 모티프들이 전적으로 스토아 전통에 근거하고 있다는 사실은 호라티우스가 마이케나스

필론은 '하나님의 아들' 대신 구약의 전형으로 소급하는 "하나님의 사람"(ἄνθρωπος θεοῦ)이라는 칭호를 더 선호한다.[69] 헬레니즘의 영향을 받았겠지만 필론의 작품에서 선조들이나 모세와 같은 특정 인물들은 신적 세계와 인간 사이의 경계를 넘나들기 때문에, 그 용어를 그렇게 제한적으로 사용한 것은 더욱 두드러진다. 『출애굽기에 대한 질문과 대답』 (Quaest. Ex. 2,29)에서는 출애굽기 24:2("모세만이 하나님께 올라올

에게 보낸 편지(ep. I, 1,106ff.)의 결론—아이러니한—에서 드러난다:
ad summam: *sapiens* uno minor est Iove, *dives*,
liber, honoratus, pulcher, *rex* denique regum,
praecipue sanus — nisi cum pituita molesta est.
("요약하자면, **지혜자**는 유피테르에 이어 그다음에 위치한다. 그는 **부유하고, 자유롭고**, 명예롭고, 아름답고, 왕 중의 **왕**이며, 무엇보다도 건강하다—코감기가 엄습할 때를 제외하고 말이다.")
그렇게 E. BRÉHIER, Les idées philosophiques et religieuses de Philon d'Alexandrie, ³1950, 233ff.: "Le fils de Dieu … n'est donc que le sage au sens stoïcien, sans qu'il y ait trace d'une relation personnelle."

69. '하나님의 사람'이라는 표현은 '로고스', 곧 천상의 원-인류(Urmenschen)와 '로고스'에 따라 사는 지혜자를 동시에 가리킬 수 있다. 이 용어에 대해서는 다음과 비교하라. 칠십인역 신 33:1과 수 14:6(= 모세); 1왕국 2:27; 9:7-10(= 사무엘); 3왕국 12:22(= 스마야); 13:1-31; 3 왕국 17:24과 4왕국 1:9-13 등등(= 엘리야); 4왕국 4:7ff.(= 엘리사). 필론에 대해서는 BRÉHIER, op. cit. 121ff.를 보라. 『에녹1서』 15:1에서 하늘의 하나님에게로 이끌려진 에녹은 "참 사람"(ὁ ἄνθρωπος ὁ ἀληθινός: 또는 τῆς ἀληθείας)이었다.

수 있다")의 진술을 다음과 같이 해설한다. 곧, 예언적인 것을
부여받은 영혼은 "혈족 관계로서 하나님께 나아가도록" 하
나님의 영감을 받으며 "모든 죽음의 본질들을 단념하고 내
버림으로써 신적인 존재로 변화된다. 따라서 그러한 사람들
은 신의 친족이자 참된 신이 된다." 『출애굽기에 대한 질문
과 대답』(2,46)에서 필론은 이러한 변화를 "두 번째 탄생"이
라고 부른다. 이것은 육체도, 어머니도 없이 오직 "만물의 아
버지"의 영향으로 일어나는 것이다.[70] 마지막으로 필론은 '종
말론적인' 소고에서 이스라엘이 기적적으로 고향 땅으로 돌
아가게 되는 것을 묘사한다(praem. et poen. 165ff.). 이때 "아버지
와의 화해"(πρὸς τὸν πατέρα καταλλαγαί)를 이루기 위해 세 가지
"변호 요소"(παράκλητοι)가 협력한다. 곧, 하나님의 선하심과
중재, 귀향자들의 회복이 그것이다. 그것들의 목적은 '아들
들이 아버지의 마음에 드는 것과 **같이** 하나님의 마음에 드는
것 외의 다른 것이 아니다.'

---

70. 필론의 언어 사용에 대해서는 R. A. BAER, JR., Philo's Use of the
    Categories male and female, ALGHJ 3, 1970, besonders S. 55ff.를 보
    라: "영혼의 신적 침투." 영적 생산자(Erzeuger)로서 하나님과 그에게
    종속된 능력에 관한 지속적인 표현은 "모든 선과 미덕의 근원"(61)을
    드러낸다는 의미를 갖는다. 개별적이고 구체적인 인물들에 관한 구원
    사는 신비롭게 현존하는 하나님과의 관계 뒤로 완전히 물러선다.

'하나님의 아들'이라는 표현은 필론의 많은 작품들 속에서 자주 등장하지는 않지만 다분히 폭넓은 의미로 사용된다. 이 명칭은 필론이 중점을 두고 있는 우주적인 영역에서 플라톤의 『티마이오스』와 연결될 뿐 아니라 유대 지혜 사상과도 연결된다. 이 칭호와 인간들과의 관계는 통상 구약의 진술을 통해 다루어지는데, 이는 스토아철학적으로도 해석된다. 이를 메타포로 사용하는 것을 절제하는 이유는 세계를 넘어서는 하나님의 초월성을 보존하려는 노력과 관련이 있는 것 같다. 물론 '하나님의 아들' 칭호는 필론이 선호하는 바, 하나님으로부터의 '생산'이나 '출산'에 대한 철학적 사변과는 전혀 다르다. 필론에게 있어 구약-유대적 진술들은 헬레니즘-신화적 또는 철학적 진술들과 서로 유격 없이 거의 완전하게 결합되어 있다. 즉, 필론은 그런 식으로 유대 전통에 대한 그리스식 해석(interpretatio graeca)의 광범위한 가능성을 보여준다.

제6장
초기 기독론의 발생에 관한 문제

우리는 아주 간략하게 하나님의 아들 용어의 유대적 사용과 이와 관련된 사상 모델(Denkmodelle)인 선재, 창조의 중보자, 세상에 보내짐에 대한 윤곽을 그렸고, 최초기 기독교의 기독론적 개념을 개괄적으로 발견할 수 있는 본질적인 구성 요소들을 고찰했다. 필론에게 있어서 지혜 및 특히 '로고스'를 가리키는, 놀라울 만큼의 많은 명칭과 변화형은, 기독론적 칭호의 실타래를, 독립적이면서도 서로 모순되는 '기독론들'의 다양성과 그 배후에 놓여 있는 서로 다른 공동체의 다양성 위에서 해결하려고 할 때 오도될 수 있음을 알려준다. 그 방식으로는 우리가 철학적인 '로고스'를 지칭하는 각각의 명칭 뒤에 놓인 '로고스론'을 각기 개별적으로 추측할 때처럼 실제 역사에 다가갈 수 없다. 기본적으로 이러한 방법론은 역사적 부당함이 들어올 수 있는 통로를 한 단계 넓혀 줄 뿐이다. 또한 기독론의 발생과 관련해서도 주의할 필요가 있다. 고대의 사람들은 신화의 영역에서, 우리가 하듯 분석적으로 세분화하기보다, '다양한 접근 방식'으로 결합하고 축적하면서 사고했다. 그래서 부활하신 분을 가리키는 칭호들이 많아질수록, 그의 단일한 구원 사역을 예찬할 가능성은 더욱 커지는 셈이다.[1] 더욱이 우리는 기본적으로 우리가

---

1. '로고스'와 지혜는 필론에 의해 "많은 이름/명칭"을 가지고 있는 것으로 묘사된다(conf. ling. 146): "그런데 누군가 하나님의 아들이라 불리기 적절하지 않을 경우 '로고스', (하나님의) 장자, 가장 나이가 많은/오래된 천사에게 편입되기를 노력할 것이다. 그는 대천사이면서 다면적인 이름을 가졌기(πολυώνυμος) 때문이다!" leg. all. 1,43에 따르면 '숭고한 하늘의 지혜'—'로고스'와 동일시되거나 그 어머니로 표현되는—는 '많은 이름'을 강조한다. 모세(mut. nom. 125), 지혜자(ebr. 82), "신적 능력"(somn. 2,254)도 "많은 이름을 가진" 것으로 불린다. '많은 이름'—일반적인 고대의 관점에 따르면—은 높은 지위를 의미하며, 이는 메타트론에게 70개의 이름이 수여됐다는 것뿐 아니라(『에녹3서』 3:2; 4:1; 48D:1,1. 5. 9) 하나님이 자체적으로 수많은 이름을 가지고 있다는 것으로도 드러난다(『에녹3서』 48B). 참조, Philo, decal. 94: "하나님의 다면적인 이름"(τὸ τοῦ θεοῦ πολυώνυμον ὄνομα)이 아무렇게나 오용되어서는 안 된다. 신들의 이름 없음이 원시적인 민족들의 표지로 간주된 반면 이름 많음은 명예로운 것으로 간주됐다. 스토아주의에 대해서는 Diog. Laert. 7,135. 147; Ps.-Aristot., de mundo 7

가지고 있는 자료들—주로 고대 시대의—은 지극히 적으며, 이따금 아주 우연히 커다란 전승 영역으로부터 전해 받은 단편들을 가지고 있다고 간주해야 한다.

　당면한 문제는 이렇다. 모자이크처럼 모아 붙이듯 모은 유대 자료들이 20년이 채 안 되는 기간—공동체가 기초로 하고 있는 최초의 사건, 곧 예수의 죽음과 부활과 사도들의 공

　(401a, 13ff.)을 보라. 참조, Homerische Hymnenm, Dem. 18.32에는 이미, "많은 이름을 가진 크로노스의 아들"(= 하데스) 및 "많은 이름을 가진" 디오뉘소스의 호소가 나온다(Sophokles, Ant. 1115). Kleantheshymnus Z. 1 (SVF I, Nr. 527, 121 Z. 34f.): "제우스, 지극히 높으신 불멸자, 많은 이름을 가진 세상의 통치자 …." Aristides, or. 49,29ff. (KEIL 346): "제우스는 모든 큰 이름들과 그에게 적합한 이름들을 받았다." "많은 이름을 가진 이시스"는 유명하다(Apul., met. 11,5,2: "cuius numen unicum multiformi specie, ritu vario, nomine multiiugo totus veneratur orbis"). 참조, 또한 위대한 이시스 찬양 이야기(Isisaretalogie)에 대해서는 Pap. Ox. 1380을 보라. E. BICKERMAN, Anonymous Gods, Journal of the Warburg Inst. 1 (1937/38), 187ff.; H. BIETENHARD, ThWNT V, 1954, 248f. 필론의 저작에 나타난 지혜/'로고스'의 많은 이름과 B. L. MACK, op. cit. 110 Anm. 2에 나오는 이집트의 이시스 찬양 이야기 사이의 관련성 주장은 너무 단편적이다. 그것은 매우 널리 퍼진 현상이었다. 요한복음과 관련한 기독론을 살펴보기 위해서는 H. v. CAMPENHAUSEN, ZNW 63 (1972), 220f.을 보라: "이 '이름들'의 풍성함은 의도된 것이 분명하다. 예수 자신만이 복음의 유일한 내용이 된다. 모든 가능한 칭호는 단지 지시하는 특징을 가질 뿐이며 그 어떤 것도 예수를 진리 안에 있는 그대로 묘사할 수 없다."

의회 이후 바울의 선교가 전개되는—동안의 하나님의 아들 기독론 발전 과정을 가설적으로 재구성하는 데 얼마나 도움이 되는가?

이때 기본적으로 최초기 기독론은 고대 유대교의 가설이나 중보자 사변을 단순히 재현하는 문제가 아닌, 전적으로 독창적인 특색을 가지고 있는 것이자 궁극적으로는 예수의 사역의 진정한 사건, 즉 죽음과 부활 현현에 뿌리내리고 있음을 기억해야 한다. 곧, 종교사적 비교는 단지 개별적인 모티프, 전통, 언어의 요소와 기능의 기원을 설명할 수는 있겠지만, 전체적인 기독론의 발생 현상에 대해서는 설명할 수 없다는 것이다. 여기서 동시에 기독론이 '유사한 예가 없는', 완전히 새로운 개념일 가능성을 고려해야 한다. 그렇게 우리는 한 학자—헬레니즘 종교사에 있어서 두각을 나타냈던, A. 다이스만(Deißmann)과 같이 특별히 중요한—의 다음과 같은 판단을 간과할 수 없다: "그리스도 예배의 발생(그리고 말하자면 기독론의 발생!)은 팔레스타인의 최초기 공동체가 낳은 신비(mütterliche Geheimnis, "모성적/모태의 신비")이다." 우리의 고찰은 이 지점에서 시작되어야 한다.

1. 로마서 1:3-4의 옛 신앙 고백

이제 나는, 지금까지 미루어 두었으며 오래된 신앙 고백—합의된 연구 결과에 따르면—을 포함하고 있는 바울의 하나님의 아들 본문으로 되돌아가려 한다. 바울은 자신이 세우지 않은 공동체인 로마교회에 보내는 편지 서론부에서 이 신앙 고백을 가져왔다. 이는 아마도 그 형식구로 공동의 기초적인 신앙 고백을 주지시키기 위함이었을 것이다. 바울은 자신의 복음의 내용으로서 '하나님의 아들'에 대해 두 가지 진술을 내놓았다.

> 육신에 따라서는 다윗의 혈통으로부터 나셨고,
>
> 거룩의 영에 따라서는 죽은 자들 가운데서 부활함으로,
>
> 능력으로 하나님의 아들로 임명되셨다. (롬 1:3-4)

신약 본문 가운데 근래에 이 본문만큼 많이 다루어진 본문은 없을 것이다.[2] 여기서 이 고백 형식의 발전에 대한 다양

---

2. 개요에 대해서는 다음을 보라. E. KÄSEMANN, An die Römer, HNT 8a, 1973, 2; K. WENGST, Christologische Formeln (본서 제1장 각주 1번), 112ff.; G. EICHHOLZ, Die Theologie des Paulus (본서 제3장 각주 5번), 123ff.; E. BRANDENBURGER, Frieden im Neuen Testament, 1973, 19ff. 본질적인 것으로 E. SCHWEIZER, Neotestamen-

한 가설들을 해설할 필요는 없을 것이다. 어찌 됐든 재구성에 대한 모든 시도는 어느 정도 가설적이다. 이 본문에는 두 개의 대조적인 문장이 분명하게 나란히 제시되어 있는데, 둘 모두 하나님의 아들에 대해(περὶ τοῦ υἱοῦ αὐτοῦ, "그의 아들에 관하여", 1:3a) 다룬다.

1. 그는 인간적으로는 다윗으로부터 기원했다. 이는 메시아의 지위에 대한 지상적(irdisch)-구원사적 전제다.

2. 반면 강조는 두 번째 진술에 있다. 부활을 통해―혹은 시간적인 측면에서는 '부활한 이후에'―그는 하나님의 아들로 임명됐고, '신적인' 능력(δύναμις)으로, 사실상 '영의 방식', 곧 하늘의 존재 방식으로 그 영광에 가담하게 됐다.

그래서 하나님의 아들 됨 개념을 단지 '비물리적'이며 '법적인' 것으로 이해하는 것은 너무 단편적이다.[3] 그러한 근대적인 대안은 충분하지 않다. 예수의 하나님의 아들 됨은 부활한 자―변화되어 하나님의 영광에 들어간―라는 '초월적' 존재에 관한 진술 역시 포함하고 있기 때문이다. 그럼에도 이 고백 형식에 있어서, 바울이 그 아들의 선재와 보내짐

tica, 1963, 180ff.; P. STUHLMACHER, EvTh 27 (1967), 374-389.
3.　　H. CONZELMANN, Grundriß der Theologie des Neuen Testaments, 1967, 96.

에 대해 가정하고 있었음에도 이를 서론부에서 분명하게 말
하지 않은 것은 주목할 만하다. 물론 이 한정된 본문에서 하
나님의 아들의 임명이 죽은 자들 사이에서 부활한 것을 통해
완수됐다는 사실이 드러나고 있긴 하다. 여기서 이것이 실제
로 매우 초기의, 엄밀한 의미로 '바울 이전'의 신앙 고백—더
욱 간략한 형태로서 아마도 예루살렘의 첫 유대 그리스도인
공동체에게로 소급하는—이라고 결론지을 수도 있다. H. 슐
리어(Schlier)는 신앙 고백의 초기 형태를 다음과 같이 추측했
다.

> 다윗의 자손으로 나신 예수 그리스도는
>
> 죽은 자들 가운데서 부활하심으로
>
> 하나님의 아들로 인정되셨다.[4]

이와는 달리 바울은 분명, 십자가에 달린 자가 높여져 '퀴리
오스'(Kyrios) 칭호를 받게 됨을 묘사하는 빌립보서 찬가에서
처럼, 예수를 선재 기독론의 차원에서 이해하고 있다. 유대
교에서 저것과 가장 가까이 놓인 평행은 아마도, 하나님으로

4.　H. SCHLIER, Zu Rö 1,3f., in: Neues Testament und Geschichte.
　　Festschrift O. Cullmann, 1972, 207-218, hier S. 213.

부터 '작은 야훼'로 불리면서 여러 가지 칭호를 받은 인간 에녹이 올려지고, 변화되어, 즉위하게 되는 사건일 것이다.

2. 로마서 1:3-4의 역사적 배경

로마서 1:3-4에서 두 부분으로 구성된 신앙 고백은 기독론의 두 가지 뿌리를 매우 잘 보여주고 있다.

첫 번째 뿌리는 다윗의 혈통으로부터 나온 지상의/육신적 예수다. 첫 부분의 진술은 예수를 임명된 메시아(Messias designatus)로 표현한다. 이러한 차원에서 예수는 죽음을 맞이한다. 십자가 위에는 '형벌의 이유'(causa poenae)—정치적인—가 붙어 있다: '유대인의 왕.' 이 명칭은 시종일관 전체 수난 기사를 관통하기에 단순히 후대 공동체가 구성한 것으로 치부할 수 없다.[5] 초기 기독교의 믿음 형식은 후대 공동체의 구

---

5. M. HENGEL, Nachfolge und Charisma (본서 제4장 각주 2번), 42ff. '유대인의 왕'이라는 기소가 로마 정부에 대한 반란과 동일하다는 사실은 Tac., hist. 5,8,3에 있는 유대인 왕들에 대한 특징 묘사에 잘 나타난다: "그때 마케도니아인들의 세력이 약했고 파르티아인들이 아직 힘을 키우지 못했으며 (로마인들이 멀리 떨어져 있었기 때문에) 유대인들은 자신을 위해 왕을 세우려 했다"(tum Iudaei Macedonibus invalidis, Parthis nondum adultis [et Romani procul erant] sibi ipsi reges imposuere). 오로지 로마인들만이 그들의 권역에 왕들을 세우거나 파면할 권리를 가지고 있었다. Jos., Bell. 1,282을 보라: "마르쿠스 안토니우스는 헤롯을 '유대인들의 왕으로 세우기로' 결정했다." 반면

성에 의해 반복되며 다양한 형태로 변주된다: 예, '메시아(그리스도)가 우리를 위해' 또는 '우리의 죄를 위해 죽으셨다'. 임명된 메시아의 수치스러운 죽음은 들어본 적이 없는 거리끼는 일이었기에, 최초기 공동체는 이 무시무시한 사건을 처음부터 구원의 필요성 관점에서 구약에 약속된 것으로 해석하도록 요구했다. 물론, 이것은 여기에서 다룰 문제가 아니다. 예수의 죽음은 오직 부활 선언에 암시적으로만 전제되어 있을 뿐이다.

부활 현현은 기독론의 두 번째 뿌리를 형성하면서 (십자가

Ant. 14,384에 따르면 하스모니아의 안티고노스는 파르티아인들에 의해 세워졌기에 왕국을 상실하게 된다. Dio Cassius 49,22,6에 따르면 안티고노스는 반역자로서, 먼저 기둥에 묶인 후 채찍질을 당하고 도끼로 처형됐다. "(이전에는) 어떤 왕도 로마에 의해 이러한 고통을 당한 적이 없었다"(참조, Jos., Ant. 15,9에 나오는 스트라본). 예수를 '유대인의 왕'으로 조롱하는 것에 대해서는, 알렉산드리아에 있는 카랍바스 이야기(Philo, in Flacc. 36ff.) 외에도, 극장의 무언극에서 유대인의 왕(주후 116/117년[?]에 반란을 일으킨 안드레아스 루쿠아스)을 조롱하라는 알렉산드리아의 지방 행정관 루푸스의 명령을 보라. Acta Pauli et Antonini Col. 1,1ff. (Acta Alexandrinorum, ed. MUSU-RILLO, 1961, p. 36f.). '주'와 '하나님의 아들'로 선포됐다고는 하지만 십자가에 달린 **유대인** 메시아-왕에 대한 거리낌이 어땠는지 충분하게 상상하기는 어렵다. 빌라도의 심문(막 15:9, 12)과 특히 죄패(막 15:26)는 기본적으로 유대인에 대한 적대감을 드러내는 표현이다. 왕 칭호와 다윗의 자손 됨에 관한 카리스마적-지혜적 해석을 위해서는 K. BERGER, ZThK 71 (1974), 1-15을 보라.

의) 직접적인 거리낌을 해결해낸다. 하나님은 저주의 나무에서 심판받은 자를 인정하셨다. 신약에 항상―그리스도의 죽음에 대한 고백 형식보다도 자주―등장하는 '하나님이 예수를 일으키셨다'는 진술은 기독교 본래의 최초기 신앙 고백으로 기술됐다.[6] 로마서 1:4의 수동 분사 '호리스테이스'(ὁρισθείς, "인정되다")는 전형적인 신적 수동태로 하나님의 행위를 에둘러 표현한다. 이때 부활 자체로는 예수의 메시아 됨의 기원을 설명하는 데 결코 충분하지 않다는 점을 주의해야 한다. 어떤 순교자가 하나님에게 올라갔다는 사실이 종말론적 메시아, 말하자면 그 고유한 지위를 입증해주는 것은 아니었다! 여기서 부활은 하나님이, 십자가에 달린 '유대인의 왕', 곧 기름 부음 받은 자의 지위를 확정한 사건이라는 독특한 의미를 가진다.[7] 이 확정은 하나님이 예수를 하나님의 아들

---

6.   부활에 관한 넘치는 문헌들 중 나는 다음을 꼽는다. B. RIGAUX, Dieu l'a ressuscité, Gembloux 1973, besonders 311ff.; P. STUHLMACHER, Das Bekenntnis zur Auferweckung Jesu von den Toten und die Biblische Theologie, ZThK 70 (1973), 365-403; 또한 R. PESCH, W. KASPER, K. H. SCHELKLE, P. STUHLMACHER, M. HENGEL (= o. S. 52-73)의 논고와 더불어 '부활 신앙의 발흥'에 관한 ThQ 153 (1973), 3을 보라.

7.   참조, N. A. DAHL, Der gekreuzigte Messias, in: H. RISTOW/K. MATTHIAE (Hrsg.), Der historische Jesus und der kerygmatische Christus, 1960, 161: "… 부활한 그리스도의 모습으로부터, 예수가 살

로 인정한 사건, 곧 죽은 자들 가운데서 부활한 능력을 통해 나타난다. 여기서 우리에게 특별히 관심 있는 질문이 떠오른다: "이 결정적인 곳에서의 신앙 고백이 '사람의 아들'이나 '메시아' 혹은 '주'가 아닌 '하나님의 아들'로 나타나고 있는 이유는 무엇인가?" 사실상 예수의 올려짐과 관련하여 다른 칭호를 기대할 수도 있다. 예컨대, 에티오피아어 『에녹서』 71:14에서는 하나님이 올려진 에녹에게 이렇게 말씀하신다. "너는 의로움을 위해 태어난 **사람의 아들**이다." 그리고 초기 기독론에 있어서 매우 결정적인 시편 110편은 이렇게 시작한다. "주께서 나의 **주**께 말씀하셨다. '나의 우편에 앉아라.'" 여기에 빌립보서 찬가에서처럼 핵심 단어 '주'가 나타난다. 우리가 살펴본 것처럼 구약적-유대적 '하나님의 아들' 표현들은 혼란스러울 정도로 다양하게 사용되며 모호하다. 당대

아나서 하늘로 올려졌다는 결론에 이를 수는 있지만 그가 메시아였다는 결론에는 이를 수 없다. … 이 부활은 … 예수가 대적자들에 반하여 하나님에 의해 그 우편에 앉았다는 것을 의미한다. 예수가 자칭 메시아로서 십자가에 못 박혔다면, 그렇다면—오직 그럴 경우에만—부활 신앙은 십자가에 달린 메시아의 부활에 대한 신앙을 의미할 수 있을 것이다." 비슷하게, J. JEREMIAS, Neutestamentliche Theologie, Erster Teil, 1971, 243: "죽임 당한 하나님의 사자에 대한 부활 신앙은 결코 메시아에 대한 신앙을 의미하지 않는다(참조, 막 6:16). 그리고 십자가에 달린 메시아 개념에 대한 거리낌이 너무나도 거대했기에 공동체가 스스로 그 불쾌한 것을 만들어냈다고 생각하기는 어렵다."

유대교에서 '하나님의 아들'이 메시아 칭호로 사용되지 않은 것은 분명하다. 먼저 '하나님의 아들 칭호—신약의 다른 어떤 칭호보다도—는 하나님과 함께 있는 예수의 모습과 연관된 다'고 대답할 수 있다. 예수는 사랑받는 아들(막 1:11; 9:7; 12:6 단락)이자 유일한 아들(요 1:14, 18; 3:16, 18; 요일 4:9)이며 맏아들(롬 8:29; 골 1:15, 18; 히 1:6; 비교, 계 1:5)이었다. 이것은 하나님이 예수 안에서 사람들에게 오셨다는 것과 부활하신 분이 하나님과 밀접히 연관되어 있다는 것을 표현한다. 이렇게 분명해 보이는 교리적 정보가 역사적 증거가 아니라고 반박할 수도 있을 것이다. 그러나 여기에는 충분한 역사적 증거들이 있으며 이제 그 가운데 네 가지를 언급하려 한다.

1. 본질적인 출발점은 예수와 하나님의 독특한 관계인데, 이는 유대교 내에서 그다지 익숙하지 않은, '압바'(Abba) 아버지라는 호칭으로 표현된다. 이 명칭은 바울이 외국어인 아람어로 선교 공동체들에게 전했던 것이자 그 아들이 신자들을 하나님의 아들/자녀로 만든다는 성령의 사역의 표시다. 행여 예수가 스스로를 '하나님의 아들'로 표현하지 않았더라도, 부활 이후 그 칭호에 대한 근본 뿌리는 아버지로서의 하나님과 예수의 '아들 됨'의 관계에 놓여 있다.[8]

---

8.   롬 8:15; 갈 4:5-6; 막 14:36. J. JEREMIAS, Abba, 1966, 15-67; DERS.,

2. 또 하나의 뿌리는 성경의 메시아 증거 본문이다. 백성의 지도자들은 예수가 메시아를 가장했다는 이유로 빌라도에게 고발했고, 예수는 결국 사형을 선고받게 된다. 부활 사건에 대한 바울의 고착화된 보도들 중 가장 오래된 증언은 고린도전서 15:3 이하에 나타나는데, 최초기 공동체는 이 부활에서 예수에 대한 메시아 주장이 신적으로 인정된다고 보았다. 하지만 십자가에 달리고 부활하여 높이 올려지는 메시아의 모습은 정치적 해방자 및 토라에 정통한 해설자로서의 대중적-전통적 메시아 기대—바리새파를 통해 널리 퍼져 있었던—와는 완전히 달랐다. 그 민족을 향한 첫 부활 증인의 선교적 선포는 일차적으로, 토라보다 우선시된 예언적인 약속, 곧 '증거 본문들'을 통해 설득력을 얻었다. 이렇게 사무엘하 7:12-14에 나타난 바 다윗에 대한 나단의 고대 신탁에서

Neutestamentliche Theologie, Erster Teil, 1971, 67ff., 174ff. 마 11:27(= 눅 10:22)에 나오는 계시 말씀의 본래 형태도 아들과의 관계를 표현한 것이다. op. cit. 63ff.를 보라. 반대로 K. BERGER, NTS 17 (1971), 422ff.는 지혜 전승과 '선생'/'제자' 이해에서 추론하려고 하는데 이는 너무 단편적이다. 롬 8:15ff.는 갈 4:4ff.처럼 하나님의 자녀들의 종말론적 해방을 다룬다. 이는 예수의 '하나님 나라' 설교 및 예수의 태도에 뿌리를 두고 있다. 바울이 이방 기독교적 선교 공동체에 아람어 '압바'를 언급한 의미는 예수에게로 거슬러 올라갈 때에만 가치를 발한다. 또한, 본서 제5장 각주 51번의 시 89:27에 대한 내용을 보라.

예수의 부활과 하나님의 아들 됨 개념의 연계점(Junktim)을 쉽게 읽어낼 수 있다: "그리고 나는 네 뒤에서 너의 자손을 일으킬 것이다(והקימתי = καὶ ἀναστήσω: 신약성서에서 '부활하다'를 의미하는 단어—역주) … 그리고 나는 그의 왕국을 견고하게 할 것이다. 그는 나의 이름을 위해 한 집을 지을 것이며, 나는 그의 나라의 보좌를 영원히 견고하게 할 것이다. 나는 그에게 아버지가 되며, 그는 나에게 아들이 될 것이다." 나의 동료 오토 베츠(Otto Betz)는 로마서 1:3-4에 나타난 초기의 신앙 고백 이면에 사무엘하 7:12 이하를 부활 개념으로 해석한 것이 놓여 있음을 분명하게 드러낸 바 있다.[9] 더 나아가 초대 교회의 기독론 형성에 있어서 사무엘하 7:12-16의 강한 영향이 나타나는 본문으로는 누가복음 1:32-33, 사도행전 13:33-34, 히브리서 1:5이 있다. 이렇게 그 모든 진술들의 배경에는 고대의 역사 전통이 놓여 있다. 더 나아가 (앞에서 언급된 세 본문

---

9. O. BETZ, Was wissen wir von Jesus?, 1965, 59ff. 64ff.; 영역판은 더욱 상세하다: What Do We Know About Jesus?, SCM, 1968, 87ff. 96ff. 참조, 또한 E. SCHWEIZER, The Concept of the Davidic 'Son of God' in Acts and Its Old Testament Background, in: L.E. KECK/J. L. MARTYN (eds.), Studies in Luke-Acts, Nashville 1966, 186-193. 예수의 죽음과 부활과 관련한 메시아 증거 본문을 위해서는 기본적으로, J. JEREMIAS, Abba 205에서 사 53장의 영향—의심의 여지가 거의 없는—을 다루는 부분을 보라.

중) 뒤의 두 본문에서 사무엘하 7:14은 시편 2:7과 아주 밀접하게 결합되어 나타난다. 또한 시편 2편과 89편에는 메시아와 하나님의 아들 사이의 결합이 명료하게 나타난다. '하나님의 아들'은 이외에도 고난받는 의인이나 은사를 받은 자, 지혜자와도 연결될 수 있었기에, 이 칭호를 특별히 올려진 예수 메시아를 지칭하는 것으로 여기지 못할 이유는 없었다. '하나님의 아들' 칭호에는 이렇게 다양한 노선의 전통이 모여 있다.

3. 예수는 도래할 "사람의 아들"(아람어, בר אנש, '바르 에나쉬')을 수수께끼 같은 방식으로 언급하면서 본인을 그 심판자와 '동일시'했다. 그리고 나는 예수가 자기 자신을 '그 사람(의 아들)'이라고 비밀스럽게 이야기했을 수 있다고 생각한다. 그럴 경우, 수수께끼 같은 이 명칭이 잘 알려진 메시아 칭호도 아니었고 따라서 최초기 기독교의 선교 설교에서 공공연하게 사용되기 어려웠음에도, 어떻게 예수의 독점적인 자기 지칭으로서 모든 복음서에서 중심적인 의미를 갖게 됐는지를 설명할 수 있게 된다. 그 명칭에는 본래 선포적인(kerygmatische) 의미가 없었다. 공관복음에 고난받는 사람의 아들과 장차 올 사람의 아들이 언급되어 있기는 하지만, 그에 대한 신앙 형태는 나타나지 않는다. '사람의 아들'은 당대 두 개의

유대 문헌에서 이미 메시아와 동일시됐다.[10] 최초기 기독교
에서의 상황도 다르지 않았다. 부활은 이제 예수가 사람의
아들이라는 선언이 참되다는 것을 입증하는 역할을 했다.
곧, 하나님은 십자가에 달린 자 자체를 사람의 아들-메시아
로서 증명했다. 바로 그분은 구원자와 심판자의 역할을 가지
고 다시 돌아올 것이다. 언어상의 유사성 법칙에 따른 증거
로부터, 하나님에 의해 확증된, 높여진 '바르 에나쉬'("사람의
아들")가 동시에 '바르 엘라[하]'([א]הלא רב, "하나님의 아들")로 고
백됐다는 점은 이제 쉽게 짐작된다. 더욱이 '사람의 아들'이
하늘의 모든 '하나님의 아들들'보다 더 높아져 하나님의 모
든 권세를 수여받은 종말론적인 '전권 위임자'가 됐을 때, 그
것은 더욱 분명해졌다. 로마서 1:3-4에서 아주 간결하게 묘
사된 바, 부활을 통해 하나님의 아들로 인정됐다는 전개는
팔레스타인 안에서 비교적 단기간에 생겨났을 수 있다. 이는
예수의 선포와 행동, 죽음과 부활 현현 내용의 내적 일관성
으로부터 기인한다. 대략 주후 32-34년, 바울이 다메섹에서

---

10. 에티오피아어 『에녹서』 48:10; 52:4; 『에스라4서』 13장; 참조, U. B.
  MÜLLER, Messias und Menschensohn in jüdischen Apokalypsen
  und in der Offenbarung des Johannes, StNT 6, 1972, 52ff. 81ff. 111ff.
  단 7:13에 대한 랍비들의 주석에 대해서는, BILLERBECK I, 486과
  Justin, dial. 32을 보라.

의 부르심을 하나님 자신에 의한 그의 아들에 대한 계시로
묘사할 때 그는 그 칭호가 당시에 가졌던 중심적인 의미를
이미 전제하고 있었던 것 같다.[11] 바울은 소명 환상 가운데
'십자가에 달린 예수와 하늘의 메시아 사이의 동일함'을 확
신했다.[12] 다윗의 후손 예수는 바로 부활한 하나님의 아들이
었다. 바리새인이자 율법학자였던 바울에 의해 격렬히 변호
됐던 기독교의 복음은 흉악한 간계가 아니라 하나님의 종말
론적인 진리였다.

　4. 히브리어 '에베드'("종")를 '파이스'(παῖς)로 번역하고 이

11.　갈 1:15-16; 본서 제3장 각주 4번. 참조, M. HENGEL, Christologie
　　und neutestamentliche Chronologie (본서 제1장 각주 2번), 62.

12.　J. WEISS, Das Urchristentum, 1917, 140 (저자의 따옴표 표시). 참조,
　　117. 바울이 디아스포라 바리새인으로서 천상의 메시아적 존재를 이
　　미 믿고 있었는지, 혹은 어떤 형태로 믿었는지, 우리는 알 수 없다. 종
　　교사학파의 추측은, M. BRÜCKNER, Die Entstehung der paulini-
　　schen Christologie, 1903에서와 같이 과도했다. 거기서는 선재하는
　　천상의 메시아에 대한 기독교 이전의 유대교-헬레니즘적 사변에 대해
　　다루고 있다. 하지만 종교사학파는 우리가 알고 있는 자료에서 직접
　　적인 근거를 제시하지 못했다. 우리는 그저 지혜 전승에 대해서만 알
　　수 있다. 물론 헬레니즘화된 유대교 문헌은 대부분 상실됐다. 예컨대
　　우리는『레위의 유언』 18장에 나오는 종말의 때에 관한 대제사장의
　　계시 이면에 어떤 전통이 있는지 알지 못한다. 반면 W. SCHMI-
　　THALS가 추측하듯이 기독교 이전에 유대 "그리스도-영지주의"
　　(Christus-Gnosis)가 있었다는 주장은 전혀 근거가 없다.

단어를 '아들'로 해석할 수 있는 여지로 인해 '하나님의 아들'(υἱὸς θεοῦ)을 중심적인 존칭으로 사용하려는 발전이 강화됐다. 이러한 추론은 신약 본문에서 '하나님의 종'(Knecht Gottes, παῖς θεοῦ)이 기독론적 칭호로서 완전히 잊혀진 것을 설명해 줄 수 있다. 하지만 최초기 기독교에서 그런 현상의 영향력은 때때로 추측하는 것만큼 그렇게 크지 않았던 것 같다. 예컨대, 마가복음 1:11에 나타난 세례 기사의 "하나님의 아들"(υἱὸς θεοῦ)이라는 표현이 본래의 "하나님의 종"(παῖς θεοῦ)을 대체한 것인지 여부는 적어도 의문의 여지가 많다.[13] 처음에 '하나님의 아들'에 대한 고백은 무엇보다도 명백히 **높이는 진술**(Erhöhungsaussage)이었다.

3. 선재, 창조의 중보자, 세상에 보내짐

그러면 이제, 바울에게 있어서 이미 중심적인 의미를 가졌던 하나님 아들의 선재, 창조의 중보자, 세상에 보내짐 사상의 발전을 어떻게 설명할 수 있을까?

아마 그 사상들은, 예루살렘에서 쫓겨나 팔레스타인, 페

---

13. 참조, J. JEREMIAS, Abba, 1966, 191-216. 막 1:9-11의 세례 기사에 대해서는, F. HAHN, Christologische Hoheitstitel (본서 제6장 각주 28번), 301f. 340ff.; 이에 반하는, F. GENTZEN-DEIS, Die Taufe Jesu nach den Synoptikern, 1970, 186ff. 262ff.

니키아, 시리아의 헬레니즘화된 도시들 안에서 이방인 선교
사역을 시작했던, 그리스어를 구사하는 유대 그리스도인들
집단에서 먼저 전개됐을 가능성이 있으며, 아마도 그랬을 것
이다.[14] 다른 한편으로 바울은 이 진술들을 확정된/고정된 형
식구로서 이미 전제했다. 이때 그 어떤 이교의 직접적인 영
향은 전적으로 불가능—이 초기 선교 공동체의 민족 구성을
근거로 할 때—하다. 유대 그리스도인들은 항상, 정신적/지
적으로는 활동적이었고 신학적으로는 확정적인 요소들을
가지고 있었다. 이들은 1세기 전체 교회에 기본적으로 자신
들의 흔적을 남겼다. 아쉽게도 종교사학파는 그 점에 주의를
거의 기울이지 않았다. 주후 1세기 유대교와 정신적/지적 논
쟁을 벌였던 사람들은 다름 아닌 유대교 출신들로 스데반,
바리새인 바울, 첫 번째 복음서 저자, 두 번째 복음서 저자,
네 번째 복음서 저자, 히브리서 저자, 요한계시록 저자가 있
다. 또 하나의 주도적인 그룹으로는 이른바 '하나님을 경외
하는 자들'로, 이들은 새로운 신앙으로 개종하기 전에 이미
유대교에 가까이 있었다.[15] 세 번째 복음서(누가복음)와 사도행

---

14. 참조, M. HENGEL, ZThK 72 (1975), 151-206 = Paulus und Jakobus.
     Kleine Schriften III, WUNT 141, 2002, 1-56 mit Nachtrag 57-67.

15. 이에 대해, F. SIEGERT, JSJ 4 (1973), 109-164.

전의 저자는 여기에 속해 있었을 것이다.

또한 기독론의 발전에는 **내적 일관성**도 있다. 최초기 기독교는 높여진 예수를 부활한 사람의 아들이자 하나님의 아들로, 그리고 하나님의 종말론적인 전권 위임자로 고백함에 있어서 예수와 다른 중간자적 존재, 예컨대 가장 높은 천사나 인격화된 것으로 간주되는 지혜-토라―적어도 부분적으로는―와의 관계에 대한 질문에 즉시 직면하게 됐다. 또한 모-종교(Mutterreligion)와의 중대한 경계선에 서서 이때까지 유대교의 구원 수단이었던 성전 예배, 토라, 높여진 하나님의 아들, 구원의 중보자 사이의 관계를 숙고해야만 했다.[16] 예

---

16. KLAUS BERGER, Die Gesetzesauslegung Jesu, WMANT 40, 1972, 17ff.에 반해 우리는 기독교 이전의 디아스포라 유대교에서나 팔레스타인에서도, 진정한, 말하자면 종교적으로 각성된, **근본적인** 유대교 내의 율법 비판을 발견할 수 없다. 곧, 전체적인 의식법을 거부하고 오로지 도덕법에만 집중하는 율법 비판 같은 것 말이다. 주전 175년 이후 예루살렘의 급진적 개혁자들은 이교주의(Heidentum)와의 완전한 동화를 위해 노력했는데, 이는 사실상 조상의 율법과의 단절을 추구했던 어떤 한 유대인의 목표였다. 필론이 말하고 있는 유대교의 율법 비평가들(agr. 157; vit. Mos. 1,31; conf. ling. 2ff.), 또는 급진적인 알레고리주의자들(migr. Abr. 89ff.)은 유대교 주변부에 서 있었고 언급할 만한 영향력은 없었다. 이에 대해서는, H. A. WOLFSON, Philo, Bd. I, 3rd ed. 1962, 82ff.와 I. HEINEMANN, Philons griechische und jüdische Bildung, 1932 (Nachdruck Darmstadt 1962), 454ff. 최초기 기독교의 율법 비판은 특히 결정적인 시작 단계에서 그런 느슨한 유

수의 사역, 죽음, 부활 안에서 '메시아 시대'가 움텄다는 확신
은 모세의 토라에 대한 근본적인 태도 변화를 자극했다. 참
된 하나님의 뜻을 구체적으로 보여주는 것은 더 이상 시내산

대교의 동화 정책에 영향을 거의 받지 않았다. 바울이 과거에 자신이
조상들의 전통에 "열심인 자"(갈 1:14)라고 괜히 말한 것이 아니었다.
이에 반해 팔레스타인 자체에서 발생했던 초기 기독교의 율법 비판은
세속적인 해방과 관련한 것이 아니라 하나님의 뜻에 대한 완전히 새
롭고 급진적인 이해, 즉 종말론적 기초를 가지고 있었고, 또한 궁극적
으로는 본래의 권위자, 곧 예수 자신에게로 돌아가기를 지향했다. 물
론, W. D. DAVIES, Torah in the Messianic Age and/or the Age to
Come, JBL Monograph Series 7, 1952와 H.-J. SCHOEPS, Paulus,
1959, 177ff.에서 주장된 바, '메시아 시대의 새 토라'에 대한 언급도 의
문스럽다. 이 랍비는 "토라의 기초"에 관한 문제와 관련하여 죄의 중
단으로 인한 율법의 부분적인 개혁 사상을 알고 있었을 뿐이다. 이와
관련해서 P. SCHÄFER, ZNW 65 (1974), 27-42를 보라. 바울은 예수
에 의해 도입됐고 스데반 무리의 헬레니즘에 의해 발전된(행 6:11, 13-
14) 부분적인 율법 비판을 기독론적-구원론적 관점에서 지속적으로,
그리고 급진적으로 이끌었을 뿐이다. 만일 그리스도 안에 있는 하나
님의 구원 계시가 진정 보편적이고 최종적인 것이라면 모든 사람들에
게 유효해야 하고, 만일 하나님의 그리스도가 구원의 근거라면 모세
의 율법은 더 이상 구원의 길로 여겨질 수 없었다. 하나님의 그리스도
는 신 21:23에 따라 하나님의 저주를 유발한 율법 위에 서 있다. 이와
비슷하게 예수의 희생적 죽음은 성전의 모든 희생 제사를 무효하게
만들었다. 예수는 이제 홀로, 화해의 제물, 언약의 제물, 속죄의 제물,
진정한 유월절 어린양이 됐고, 대제사장과 화해의 장소는 하나가 됐
다. 유대 기독교적인 에비온주의자들(Ebioniten)조차도 희생 제사를
거부했다.

의 토라가 아닌 예수 메시아의 가르침이었다. 저주의 나무에 달린 죽음(신 21:23)은 **최종적인** 권위로서의 모세 율법에 의문을 제기할 수 있었을 뿐 아니라, 실제로 제기했음이 분명했다. 더욱이 유대교에 있어서 출애굽과 시내산 율법의 계시는—메시아 시대의 관점에서도—본질적으로 '표준적인' 구원 사건이었는데, 이제 그리스도인들은 그것들을 그리스도의 인격과 사역에 일관적으로 적용했다. 토라의 마지막 진술, 곧 신명기 34:10-11, "그 후에 이스라엘에는 모세와 같은 예언자가 나타나지 않았다. 모세는 야훼와 대면하여 교통하던 자였고 야훼가 그를 보내어 [그리고 그는 야훼로부터 전권을 위임받아] 모든 이들에게 표징들과 기적들을 행했다"는 것은 예수가 세례 요한을 가리킬 때(마 11:11), 그리고 그 구절을 수정하여 자기 자신을 지칭할 때(마 11:27 = 눅 10:22) 나타난다. 최초기 기독론에서는 토라의 저 진술을 무효화했음이 분명하다.

더욱이, 『바나바의 편지』(6:13)에 나타나는 유명한 진술, "보라, 내가 마지막 것을 처음 것처럼 만든다"는 것과 같이 초대 교회의 종말론적 자각은 시초론적(protologisches) 관심과 전적으로 상응했다. 오직 시작을 소유한 자가 전체를 가지고 있다. 그래서 시작은 마지막에 의해 조명**되어야만 한다.** 결국, **선재 사상**은 궁극적으로 특정 현상으로 나타나는 특별한 구원의 의미를 드러내기 위해 선호되던 표현 도구였다. 이는 하늘의 원형과 땅의 실체 사이의 상응—태초에다 투사하는 전형적인 유대적 방식—에 대한 동방의 통상적인 관점을 표현하고 있는 것이라고도 말할 수 있다. 종말론적인 구원자의 선재는 이미 미가 5:1[5:2 개역개정] 내지 시편 110:3(본서 제5장 각주 11번을 보라—편주)에서 읽어낼 수 있다. 거기서 그는 창조의 서광이 비치기 전에 하나님에 의해 태어났다(본서 제5장 각주 13번을 보라). 더 나아가 우리는 에티오피아어 『에녹서』 48:6과 62:7에서도 선재 표현을 발견할 수 있다. 여기서 그는 세상이 창조되기 전에 하나님에 의해 선택된 것으로 나타나는데, 이때 그 이름이 선재하고 있음 역시 언급된다(48:3; 참조, 69:26). 이는 랍비 문헌들에 나타나는 메시아 이름의 선재에 상응한다.[17] 인격화된 본체와 단순히 비유적인 언급의 관계에 있어서와 같이, 단순히 '관념적'인 선재—즉, 어느 정도 하나님의 생각 안에만 있는—에서부터 '실제적인' 선재로의

---

17. 참조, U. B. MÜLLER, Messias und Menschensohn 47ff.: "『에스라4서』의 메시아처럼 『에녹1서』의 사람의 아들은 선재하던 구원의 권세이자 하나님에 의해 이미 창조된 세상, 두 번째 종말의 때에야 드러나게 될 세상의 일부분이다"(49). 랍비들의 의견에 대해서는, BILLERBECK II, 334-352, 무엇보다도 335을 보라: 바빌로니아 페사힘 54a Bar.; 타르굼 스가랴 4:7 등등; 346-347: 아모라임 시대(amoräischer Zeit)에 메시아의 선재하던 영혼에 대한 사색.

유동적인 다양함이 존재한다. 또한 이 '선재' 개념은 후대의 아리우스 논쟁에서의 의미로, 말하자면 피조되지 않고 하나님과 함께하고 있는 무시간적-영원한 존재의 의미로 이해되어서는 안 된다. 무엇보다도 선재자란 '천지창조 이전의 존재'를 의미한다. 어떻든 간에 여기에도 다양성이 존재한다. 마찬가지로 이미 잠언 8:22에도 창조의 동사와 관련해서 '태어나다'는 단어가 등장한다. 적어도 지혜나 로고스는 항상 하나님과 연결되어 있었을 것이다. 우리는 지혜 없는 하나님을 상상할 수 없을 것이다.[18] 기독론 사상이 발전할수록 불가

---

18. 잠 8:22: '카나니'(קנני) = "그가 나를 만들어냈다/얻었다"; 8:23: '네사코티'(נסכתי) = "내가 정교하게 지어졌다", 이에 대해서는 H. GESE, Natus ex virgine (본서 제5장 각주 11번), 81-82 = 138-139은 시 2:6에서도 (동일한 자음의 נסכתי['나사크티'] 대신에) 이 형태를 읽어낸다: "나는 (놀라운 방식으로) 시온산에서 그의 왕으로 창조됐다"; 잠 8:24: '홀랄티'(הוללתי) = "내가 진통 가운데 태어났다". 특히 필론과 지혜 전통에서는 '창조'와 '형성' 개념에 반대하여 '[아이를] 낳음', '출산', '투영/반사', '흘려보내기' 개념이 우세하다. 필론은 로고스를 영원한 것으로 칭했다: "만물의 머리는 영원하신 하나님의 영원한 로고스다"(Quaest. Ex. 2,117; 이는 물론 아르메니아어 본문에 있는 기독교적 해석일 수 있다. 이어서 다음을 보라. 창 1:1에 나오는 '레쉬트' [רשית, "태초"]; 잠 8:22; 골 1:18; 엡 1:22; 이에 대해서는 H.-F. WEISS, Untersuchungen zur Kosmologie [본서 제3장 각주 17번], 265ff.). Quis rer. div. her. 205-206에 따르면 아버지와 세상 창조자로부터 창조주와 피조물을 분리하라는 임무를 받은 "가장 오래된 로고스"와 "대천사"는 중보자로서 "하나님처럼 비창조되지도 … (피조물

피하게 삼위일체 문제를 더욱 위협하게 됐다. 후기 랍비 전
승에 따르면 창세기 1:2의 "하나님의 영이 운행하셨다"는 말
씀은 메시아의 창조 이전의 '선재'에 대한 증거 구절이 된다.
이것이 메시아의 영을 의미하기 때문이다(페시크타 라바티 33:6;
참조, 창세기 랍바 2:4).[19] 이와 관련된 어떤 문서는 창세기 1:4의

처럼) 창조되지도 않았다. 그보다도 양극단 사이에 존재한다." 이처럼
그는 "인간들의 … 대변자"이자 "통치자에 의해 예속된 자들을 위해
보내진 자"다. "나는 전령과 같이 피조물들에게, 평화를 위해 늘 깨어
있는 하나님의 전쟁 종식이라는 평화 소식을 전하기 때문이다." 안디
옥의 테오필로스에게 나타났던(ad Autolyc. 2,10) '로고스 엔디아테토
스'(λόγος ἐνδιάθετος, "발화되지 않은, 내면의 사상")와 '로고스 프로
포리코스'(λόγος προφορικός, "발화된 말씀")사이의 후대의 분리는
스토아적 개념을 사변적으로 확장시켰던 필론에게 이미 나타난다.

19. 랍비 쉼온 벤 라키쉬는 3세기 중엽 창세기 랍바 2:4을 따라 창 1:2을
세상의 네 왕국으로 해석했다: '토후'(תהו, "혼돈") = 바벨; '보
후'(בהו, "공허") = 하만의 왕국, 메대; '호쉐흐'(השך, "흑암") = 마케
도니아; '테홈'(תהום, "깊음") = 악한 권세(로마). "'하나님의 영이 운
행하셨다'라는 것은 메시아 왕의 영을 가리킨다. 사 11:2에서 말한 것
처럼 말이다: '야훼의 영이 그 위에 임하신다'"; 참조, 레위기 랍바
14:1: "메시아 왕의 영". 반대로 쉼온 벤 라키쉬는 얄쿠트 시편 139 §5
(265a), 창세기 랍바 8:1 및 미드라쉬 탄후마 타즈리아(BUBER 153a)
에 따라 창 1:2의 영을 '아담의 영혼'으로 해석했다. 테오도르판 필사
본 D에 따른 창세기 랍바 8:1에는 "왕 메시아"(p. 56)라고 기록돼 있
다. 쉼온 벤 라키쉬는 두 해석을 모두 제시했던 것 같다. 우리는 메시
아 또는 메시아의 영혼에 대한 언급을 BILLERBECK II, 350과 같이
단순한 알레고리로 일축해서는 안 된다. 페시크타 라바티 33:6
(FRIEDMANN 152b)는 그 사상이 계속 영향을 미쳤다는 것을 보여

창조 때의 빛을 하나님이 자신의 보좌 아래에 감추었던 메시
아의 빛과 동일시한다. 사탄의 요구에 따라 하나님은 보좌
아래 숨겨진 메시아를 보여주었고, 그때 사탄은 자신과 추종
자들의 멸망을 보고서 바닥에 떨어지게 된다.[20] **이렇게 기독
론에 선재 개념이 도입된 것은 내부적 필요성 때문이다.** 에
버하르트 융-엘(Eberhard Jüngel)이 조직신학적 입장에서 판단했
던 것은 전적으로 옳다: "그것은 신화론적이기보다는 오히
려 결과론적이다."[21] 하지만 보냄 관련 진술들은 선재 사상과

준다: "메시아가 세상 창조 이래로 존재했다는 증거는 무엇인가? '하
나님의 영이 운행하셨다.' 그것은 바로 메시아 왕이다! 왜냐하면 이렇
게 쓰였기 때문이다: '주의 영이 그 위에 임하실 것이다'(사 11:2)."

20. 페시크타 라바티 36:1 (FRIEDMANN 161a/b). 36/37 단락은 에브라
임의 아들 메시아가 선재하던 인물이라는 것을 보여준다. 그는 이스
라엘의 죄를 위해 하나님에 의해 고통을 짊어지고 순종함으로 세상으
로 보내졌다. 고통이 끝난 후 그는 하나님에 의해 하늘로 올려져 보좌
에 앉아 찬양받는다. 이 설교적 미드라쉬가 주후 900년이나 됐을 때
발생했다고 보는 BILLERBECK의 추측은 의문스럽다. B. J. BAMBER-
GER, HUCA 15 (1940), 425ff.는 분명한 정치적 정보를 근거로 34-37
단락은 632년과 637년 사이에 저술됐다고 추측한다. 거기에 담긴 전
승들은 대부분 실제로 오래된 것이다. 물론 기독교의 영향이 여기에
있을 수 있는데, 아마도 그럴 것이다. 그렇지만 유대교 메시아 사상이
기독교와 분리된 이후에, 그리고 기독교와 논쟁적인 대립에도 불구하
고, 어떤 형태의 메시아를 받아들였을지는 분명하다. 기독교 이전 시
대라고 해서 그 모습이 완전히 달랐을까?

21. Paulus und Jesus, [2]1964, 283.

함께 완전히 신화적인 형태를 취하게 됐다. 천사들이나 구약
에 나타나는 하나님의 사람들과 예언자들은 하나님으로부
터 보냄을 받았고, 말라기 3:23[4:5 개역개정]에 따르면 엘리야
의 보냄은 종말의 때에 약속됐다. 유사한 방식으로, 유대인
들이 기록한 『시뷜라의 신탁』은 메시아적인 왕의 보냄에 대
해 말한다.[22] 누가는 이 모티프를 사도행전 3:19-20에서 차용
했다. "… 그가 너희를 위하여 오래전부터 예정했던 메시아,
예수를 보내심으로써, 새롭게 되는 날이 주로부터 올 것이
다." 하지만 이 보냄은 이제 선재를 기초로 하여 빌립보서 찬
가에 나타난 바와 같이, 천상의 영역—집회서 24장의 지혜
유비—으로부터 내려옴, 비천해짐, 인간이 됨을 전제하게 됐
다. 기독론 전개에 있어서 선재, 창조의 중보자, 보냄 개념은
(그리스도의) **기적적인 탄생 전설보다도 시간상 먼저 존재했던
것**인데, 이는 전형적으로 유대적인 것이다. 요한복음의 서론
은 그 전승의 관점에서 볼 때 현재 주어진 형태의 마태복음
과 누가복음 전승보다 '더 오래된' 이야기다. 이때 매우 쉽게
'헬레니즘적'인 영향에 대해 말할 수 있겠지만, 여기에서도
유대교의 하가다(Haggada)의 형식이 사용됐다. 이처럼 '선재'
의 문제는 불가피하게 유대교의 역사·시간·창조 사상 및 나

---

22. 『시뷜라의 신탁』 3,286 (Kyros?). 652; 5,108. 256. 414f.

사렛 예수 메시아 안에서 완전하게 드러난 하나님의 자기-계
시에 대한 확신 사이의 결합 가운데서 성장했다. 이렇게 '예
수의 단순한 복음'이 이교의 신화에 넘겨졌던 것이 아니라,
반대로 신화화의 위협은 도리어 계시 사상의 급진적인 삼위
일체론을 통해 극복됐다.

선재 개념이 도입된 후에, 높여진 하나님의 아들은 유대
교의 지혜의 창조와 구원 기능까지 끌어안게 됐음을 쉽게 짐
작할 수 있다. 독특한 방식으로 하나님과 결부되어 있었던
하나님의 옛적 지혜조차도 부활하고 높여진 자 앞에서는 더
이상 독자적으로 우월한 위대함으로 간주될 수 없었다. 도리
어 지혜의 모든 기능들은 "지혜와 지식의 모든 보화들을 감
추고 있는 분"(골 2:3)에게로 옮겨졌다. 이로써 마침내 나사렛
예수 안에 나타난 **하나님의 계시의 탁월함과 궁극성**이 결정
적인 방식으로 표현됐다. 높여진 예수는 단지 선재하신 분일
뿐 아니라 동시에 하나님 고유의 활동(opus proprium Dei), 곧
창조에도 참여하신다. 이는 물론 예수가 종말에 사건들을 심
판하듯이 하나님의 권위로 그리고 하나님을 대신하여 수행
하시는 창조의 일이다. 그분 없이는, 그분을 벗어나서는 하
나님의 어떤 계시도, 말씀도, 행위도 나타날 수 없다. 그래서
"신령한 바위"(고전 10:4)로서 광야에서 이스라엘과 동행했던

분은 바로 선재하셨던 그리스도다. 지혜서 10:17에 따르면 이스라엘을 기적적인 방식으로 인도했던 것은 신적 지혜였으며, 필론은 모세가 물을 냈던 바위뿐 아니라 만나를 지혜 또는 로고스와 동일시했다(leg. all. 2,86; quod det. pot. 115ff.). 반면 팔레스타인의 해설에 따르면 이 백성은 방랑하는 광야 생활에서 야훼의 현현을 통해 인도됐다. 고린도전서 10:4은 바울의 전형적인 해석 방식이 아니기에, 그리고 바울은 모세 시대를 긍정적으로 언급하지도 않기에—바울은 이 사건의 결과를 부정적인 방식으로 고린도교회에 적용한다—이 해석은 그리스어를 구사하는 비-바울계 유대 그리스도인들에게서 유래했다고 받아들여져야 한다. 이 지혜-선재 기독론의 전통적인 흐름은 바울서신에 나타나는 것보다 더욱 넓다. 바울보다 약 50년 후에 나타난 요한복음 서론의 로고스 기독론은 선재하는 하나님의 아들과 전통적인 지혜 기독론이 결합된 것에 따른 논리적인 결과일 뿐이다. 이때 물론 항상 신화적인 사변의 위협을 받아 온 '지혜'(Sophia) 개념은 하나님의 말씀으로서 명료했던 '로고스'에게 길을 내어주었을 것이다. 이렇게 그 서론은 결코 영지주의적 자료로부터 나온 것이 아니며, 기독교-유대교가 단단히 결합된 내적 전통 안에 서 있던 것이다.[23] "말씀이 하나님과 함께 있었다. 그 말씀은 하나님이었다"(요 1:1) 내지 "나와 아버지는 하나다"(10:30)와 같은 요한복음 기독론의 핵심 진술은 신약 기독론의 목표이자 완성이다.

그런데 하나님의 아들이 포괄적으로 지혜의 중보자 기능을 취할 때, 유대인에게 있어 권위 있고 존재론적 근거가 되는 토라—지혜와 동일시되는—의 질서와 구원 기능은 깊이 흔들렸다. 과거에 바리새인이자 서기관이었던 바울은 여기에서 궁극적이고 급진적인 결과들을 이끌어냈다. 곧, 메시아 예수의 메시지 안에 있는 하나님의 참된 뜻을 해석함으로써 토라에 어떤 변화들이 생겼다는 것이다. 그렇게 "그리스도는 모든 믿는 자들에게 의를 이루기 위하여 율법의 마침이 되셨다"(롬 10:4)라는 바울의 두드러진 진술은 기본적으로 율법의

---

23. W. ELTESTER, Der Logos und sein Prophet, in: Apophoreta. Festschrift für Ernst Haenchen …, BZNW 30, 1964, 109-134의 신중한 비판을 보라: "… 나는 [요한복음] 프롤로그와 유대적 알렉산드리아주의의 관련성이 더 강조되기를 바라는 바다. BULTMANN 이전의 더 오래된 연구에서 그랬던 것처럼 말이다. 그리고 나는 영지주의와의 관련성이 단지 일부분만 살아남은 헬레니즘-유대교 문헌을 통해서만 전해졌다고 생각한다"(122 Anm. 30). 프롤로그에서 우리는 "영지주의와의 관련성"을 완전히 무시할 수 있으며, 우리가 매우 다면적이라고 상상할 수 있는 유대교-헬레니즘 사상만으로 충분하다.

요구에 반하는 방식으로, 포괄적·궁극적·종말론적 하나님의 계시로서, 십자가에 달리고 높여진 자의 구원론적 기능을 표현한다. 구원을 전달하는 자는 더 이상 모세가 아니라 오직 하나님의 그리스도다. 고린도교회를 향한 바울의 호소, 즉 "그리스도는 하나님으로부터 나와서 우리에게 지혜와 의로움과 거룩함과 구원함이 되셨다"(고전 1:30)는 경건한 유대인들이 지혜-율법의 것으로 간주하는 모든 구원의 기본적인 기능을 포괄한다. 이 붕괴 이면에는 아주 상세하고 일관된 기독론 사상이 놓여 있다. 당시 유대 민족들에게 있어서 하나님의 지혜는 더 이상 모세가 시내산에서 받았던 오래된 돌판을 통해서가 아니라, 십자가에서 처형된 민족 선동가를 통해 전달되는 것이었다.[24] 이렇게 바울의 기독론과 구원론이 유대 자료들로부터 공급됐기 **때문에** 우리는 그 거리낌이 얼마나 컸을지 상상하기 어렵다! 당연하게도 이 거리낌은 H.-J. 쉡스가 생각했던 것처럼 선재하는 하나님의 아들에 관한 교

---

24. 예수의 대적자들, 곧 대제사장과 사두개인들과 토라에 충실했던 바리새인들에게 있어서 예수는 인간적인 방식으로 볼 때 실패한 인물이었을 뿐 아니라 하나님에 의해 처형된 백성 선동가였다: M. HENGEL, Nachfolge und Charisma (본서 제4장 각주 2번), 43ff. 예수의 선포와 수치스러운 죽음 사이의 대조는 분명 하나님의 심판으로 해석됐다. 그래서 바리새인이자 율법에 열심이었던 바울은 공동체의 박해자가 됐던 것이다.

리에 근거한 것이 아니라, 기독론적으로 자극된 율법의 폐
지, 곧 예수의 십자가와 부활을 통한 구원의 길로서 율법의
종결에 근거한 것이다.

예수와 지혜 사이의 결합은 그 자체로 지혜 전승의 특징
을 가진, 예수의 땅 위에서의 선포를 통해 준비됐다. 팔레스
타인의 최초기 공동체는, 왕이자 다윗의 아들이었던 솔로몬
의 지혜로운 격언들을 모았던 것처럼, 메시아 특유의 지혜
말씀들을 핵심적인 Q 어록(Logienquelle) 안에 모았다. 물론 예
수는 "솔로몬보다 더 큰 이"(눅 11:31 = 마 12:42)로 간주됐다. 사
람들은 예수 안에서 신적인 지혜의 대표자를 보았고, 에티오
피아어 『에녹서』의 유대적 비유들에 등장하는 사람의 아들
에게서도 발견할 수 있는 지혜의 특성을 그에게 옮겨 놓았
다.[25] 여기서 기독론의 발전이 시작부터 종합적인 것(Synthese)

---

25. F. CHRIST, Jesus Sophia. Die Sophia-Christologie bei den Synop-
    tikern, AThANT 57, 1970; H. KÖSTER/J. M. ROBINSON,
    Entwicklungslinien durch die Welt des frühen Christentums, 1971,
    80ff. 167ff. 204ff. 메시아의 특별한 말들에 대해서는, M. HENGEL,
    ThQ 153 (1973), 267 Anm. 42:『솔로몬의 시편』17,43;『레위의 유언』
    18:1; 타르굼 이사야 53:5, 11. 참고, 눅 4:16ff. 특히 나는, F. MUSSNER,
    Galaterbrief (본서 제3장 각주 4번), 86 Anm. 43과 같이, "초기 기독
    교 공동체 내에 십자가와 부활 선포가 없었던 완전히 독특하고 분리
    된 신학을 가진 'Q-그룹'의 존재"를 믿지 않는다. 특히 S. SCHULZ가
    주장하는 것처럼 그 말들이 모두 하늘로 올려진 자에 관한 것은 아니

에 기대고 있음이 다시금 확인된다. 그렇지 않고서는 인간 예수 안에 나타난 하나님의 자기 계시의 유일성이 결코 충분하게 표현될 수 없었을 것이다. 창조의 중보자 됨 외에 "하나님의 **형상**(εἰκών)"이라는 그리스도에 관한 표현도 그리스어를 구사하는 유대교의 지혜 전승으로부터 넘겨받은 것이다. 동시에 이 개념은 선재자와 최초의 천상적 아담, 곧 필론에게 있어서 로고스/'맏아들'과 동일시됐던 '원-인류'(Urmenschen)의 형상 사이의 관련성을 만들어냈다. 이때 물론 바울이 그리스도 안에서 창세기 1-2장의 창조론적 "원-인류"가 아닌 죽음을 정복하고 "생명을 창조하는 영"인 천상의 종말론적 "아담"을 보았던 것은 주목할 만하다.[26] 유대교에서 최초의

다. Q에 있는 말들은 올려진 그리스도의 것이 아니라, 약간의 예외는 있지만 지상에 있었던 말들에 관한 것이다. 하나님을 예배하는 기독교의 예언자들에게는 영이 임하곤 했기 때문에 그 선포(Kundgebungen)를 확고하게 남기거나 전수할 필요가 없었다. 하지만 지금은 공동체를 떠나고 없는 지상 예수의 말씀이 메시아의 묵시론적 지혜 가르침으로 여겨진다. 그의 고난과 부활 선포가 없다면 그것은 예수의 선포가 아니었기 때문일 것이다. Q의 문제는 Q를 예수의 가르침에서 나온 것으로 진지하게 받아들일 때 가장 잘 해결된다. S. SCHULZ, Q. Die Spruchquelle der Evangelisten, 1972, 5: "최초기 기독교―바울이 편지를 쓰기 꽤(!) 오래전―는 처음부터 서로 상이한 전승 자료들과 상이한 선포의 틀을 가진 복합체였으며, 이는 서로 다른 독립적인 공동체를 암시한다"라는 진술은 오도된 것이며 지지될 수 없다.

26. "하나님의 형상"으로서의 그리스도에 대해서는, 고후 4:4; 골 1:15을

인간, '첫 아담'은 종말론적 구원자의 기능을 가지고 있지 않
다. 하지만 그리스도가 **창조 이전의**(vorzeitlichen) 천상의 '하나
님의 형상'과 동일시된다면, 이는 동시에 빌립보서 찬가 시
작부에 나타나듯이 그가 **'신적 본질'**을 가지고 있음을 의미
한다. 이때 이 아들은—분명히 종속되는 모든 요소에도 불구
하고—더 이상 피조물에만 속한 것이 아니라 동시에 하나님
에게도 속한 것이 된다. 십자가의 죽음으로 '완성'되는 성육
신을 통해서 비로소 인간의 운명 일부를 취하여 인간을 위한
화해자와 대리자가 될 수 있었다. 이제 예수는 하나님에 의
해 선택된 완전히 의로운 자, 하나님의 뜻에 완전히 부합하
는, 제자들에게 요구되는 모범일 뿐 아니라, 길 잃은 인간들
에 대한 아버지의 사랑에 순종하기 위해 아버지와의 하늘의
공동체성을 포기하고 인간의 형상과 인간의 운명—십자가에

보라; 더하여 J. JERVELL, Imago Dei, FRLANT 76, 1960, 173ff. 197ff.
그리고 특히 227ff.는 "그리스도의 신적 가치"를 다룬다; F.-W.
ELTESTER, Eikon im Neuen Testament (본서 제3장 각주 18번),
130ff. 아담과 그리스도에 대해서는 고전 15:44-49을 보라. 바울은 여
기서 자신의 구체적인 종말론을 통해 디아스포라 회당의 창조론적 사
변을 관통한다. 우리는 더 이상 영지주의 배경을 찾지 않는 것이 좋다.
반면 고전 15:45에서의 바울의 "마지막 아담" 배경에는 묵시론적인
사람의 아들이 있을 가능성도 높다. 유대교의 아담 사상에 대해서는
J.-É. MÉNARD, RSR 42 (1968), 291f.를 보라.

서 수치스러운 죽음으로 완성했던—을 취했던 신적 중보자
였다. 이렇게 성육신과 죽음은 더할 나위 없는 신적 사랑의
표현이 됐다. 그리스-로마의 신화나 유대 전통에서도 이러한
신화는 보도되지 않는다. 하나님은 자신의 사랑을 모든 피조
물들에게 나타내기 위하여, 그 아들 안에서 스스로 인간들에
게 왔으며, 저들의 가장 깊은 곤경에 동참했다. 예수는 오직
십자가 위에서 깨어진 자로서—역설적인 방식으로—높여진
자, 주(Herr)가 됐고, 하나님의 종말론적인 '전권 위임자'로서
십자가에서 수치스러운 죽음을 안기며 승리를 선언했던 모
든 세력들도 그에게 굴복하게 됐다(빌 2:6-11; 고전 2:8; 고후 8:9).
이와 같은 식의 대담한 기독론적 윤곽이 사변적인 산문의 형
태가 아니라 먼저 영감으로 가득 찬 찬송의 형태로 나타나는
것은 이해할 만하다(고전 14:26; 참조, 골 3:16; 엡 5:19; 계 5:9 등). 영
감을 받은 찬송의 시가 바로 하나님의 "형언할 수 없는 은
혜"(고후 9:15)를 가장 적절하게 드러낼 수 있는 언어였다는 것
은 이해할 만하다. 그러한 찬송을 교훈적으로나 권면적으로
인용한 것은 이것이, 구약의 책들과 비슷한 방식으로, "거룩
한 문서들의 지위"를 매우 빠르게 얻게 됐음을 증명해준다.[27]

---

27. R. DEICHGRÄBER, Gotteshymnus und Christushymnus in der
frühen Christenheit, StUNT 5, 1967, 188f.

4. '퀴리오스'(주)와 하나님의 아들

시간적으로 매우 급격하게 진전됐던 이러한 기독론의 발전에 따른 마지막 결론은 바로, 구약에서 입 밖으로 내뱉을 수 없었던 신명인 '테트라그람마톤'(Tetragramm), 곧 야훼(Jahwe), 또는 그리스어 성경에서 '테트라그람마톤'의 '케레'(Qere: 히브리 성서의 구전 전승/독법—역주)로 사용됐던 '퀴리오스'(kyrios), 곧 주(Herr)라는 명칭이 주저함 없이 "주 예수"(Kyrios Jesus)로 옮겨졌다는 것이다. 이미 바울은 예수를 "주 예수"(κύριος Ἰησοῦς)로 여기는 기본적인 신앙 고백의 근거를 요엘 2:32에서 찾았다: "누구든지 '퀴리오스'(Kyrios)의 이름을 부르는 자는 구원을 받을 것이다"(롬 10:13; 참조, 행 2:21). 본래 구약 본문에서 '퀴리오스'는 하나님만을 의미했지만, 바울은 '퀴리오스'를 가지고 예수를 지칭했다—하나님은 그 안에서 구원을 완전하게 나타내셨다. 종교사학파 이래로 이 명칭을 '퀴리아 이시스'(Kyria Isis)나 '퀴리오스 사라피스'(Kyrios Sarapis)로부터 차용된 것으로 보려고 했지만, 이는 아주 터무니없는 시도다.[28] 사라피스가 변두리에 있다가 신비의 신이 된 것은

---

28. W. BOUSSET과 W. HEITMÜLLER의 오래된 주장은 최근까지 큰 인기를 구가했다. S. SCHULZ, Maranatha und Kyrios Jesus, ZNW 53 (1962), 125-144; W. KRAMER, Christos, Kyrios, Gottessohn (본서 제3장 각주 1번), 91ff. 95ff.; PH. VIELHAUER, Aufsätze zum Neuen

Testament, ThB 31, 1965, 166은 매우 부적절한 방식으로 F. HAHN, Christologiesche Hoheitstitel, FRLANT 83, 1963, 67-125에 대해 '학 문적'으로 논박하려 한다. HAHN은 역사적 사실에 대해 설득력 있게 제시하고 있는 반면, VIELHAUER는 여전히 입증되지 않은, 오래된 주장—종교사학파가 지향하고 있는 주장—을 내어 놓고 있다. 비슷하 게, K. WENGST, Christologische Formeln (본서 제1장 각주 1번), 131ff.를 보라. '퀴리오스' 칭호는 "헬레니즘 문화에서 … 무엇보다도 신비주의에서 "일반적으로" 신들을 가리키는 묘사어였다"(134)라는 주장은 단순히 오도됐다. 언제부터 어디에서 엘레우시스와 디오뉘소 스의 신들, 곧 본래 신비주의적인 신들이 "일반적으로" "퀴리오스"라 는 칭호로 다루어졌는가? 언제부터 아티스와 미트라가 '신비주의 신 들'로 확인되는가(본서 제5장 각주 16번)? 이 신들은 언제부터 어디에 서, 특히 우리에게 중요한 시리아 어느 곳에서 '퀴리오스' 칭호로 나타 났는가? 주전 1세기의 "주 이시스"(Kyria Isis)는 하나의 예외일 것이 다. 아마도 이시스(및 사라피스)의 경우에—'퀴리오스 칭호'에 대해 추 측한 H. STEGEMANN의 아직 출판되지 않은 논문에서처럼—이집트 에서 수효가 많았고 영향력이 컸던 유대인들이 '주'라는 단어를 '테트 라그람마톤'(Tetragramm)의 '케레'(Qere)로 사용한 것에 대한 반작용 으로 '퀴리오스' 칭호를 빼앗으려고 했던 것 같다. 신들에 대한 칭호로 서 절대적인 '퀴리오스' 칭호의 사용은 기본적으로 비-그리스적이다. 시리아, 팔레스타인, 메소포타미아에 있는 셈족 신들에게서 다양한 형태의 '주'라는 표현을 자주 발견할 수 있는데, 유대인들도 예외는 아 니었다. 그렇게 '퀴리오스'는 지역의 신 바알림의 호칭으로서 드물지 않게 나타난다. 그의 기능은 제우스에게로 옮겨갔다. 또한 후대 이집 트의 신들에 대해서도 나타나며, 동방 지역 사람들에 있어서는 신과 의 실제 인격적인 관계를 표현하는 데 사용됐다. 천사들 역시 '퀴리오 스'나 '퀴리오이'(kyrioi, "주들")로 호칭됐다. 왜냐하면 '주'는 단지 신 들에 대한 칭호일 뿐 아니라 헤롯 왕가와 특히 클라우디우스 이후의 황제들을 비롯한 존중받을 모든 인물들/것들을 위한 칭호였기 때문

후대에 발생한 것이고,[29] 더 나아가 '퀴리오스' 칭호는 신비

이다. 마지막으로 눈에 띄는 것은 주후 2세기 시리아의 비문에서 그리
스어 칭호 '퀴리오스'가 신들에 대해 매우 드물게 사용됐다는 것이다.
이 모든 것은 철저한 연구를 필요로 한다. 나는 바라건대 이를 조만간
다룰 것이다. K. BERGER, NTS 17 (1970/71), 413에서 비판적으로 인
지한 것은 전적으로 옳다: "그러나 다음의 주장은 여전히 유효하다.
곧, 전승사적으로 예수가 헬레니즘 제의 신들과 동일시되는 것이 어
떻게 가능했겠느냐는 물음은 완전히 난제로 남아 있다는 것이다. 그
칭호가 이른 시기에 나타나며 '순수한' 이방 기독교라는 것은 허울뿐
인 존재이기 때문에 그런 변화의 책임이 오로지 이방 기독교인들에게
있다는 주장은 지지될 수 없다." 그래서 나는 VIELHAUER (op. cit.
166)의 다음의 논쟁적인 문장에 동의할 수밖에 없다: "문제를 무시한
다고 해결되는 것이 아니다." 질문은, 누가 지금까지 자료들이 말하고
있는 저 결정적인 문제를 무시했는가 하는 것이다! 전체 논의에 대해
서는 또한, M. HENGEL, Christologie und neutestamentliche
Chronologie (본서 제1장 각주 2번), 55ff.를 보라. 그리고 무엇보다도
W. FOERSTER, Herr ist Jesus, 1924은 우수한 자료 모음집을 가지고
있다. 특히 신비주의 제의에 대해서는 79ff.를 보라: "후대 신비주의에
토대를 제공한 민속 종교 내에서 '퀴리오스'(kyrios) 칭호가 사용되지
않은 경우는 아티스나 미트라 신비주의에서도 나오지 않는다. 이시스
신비주의는 '퀴리오스' 용어가 본래의 용법과 부합하게 사용됐더라도
자주 사용되지는 않았다는 사실을 보여준다. 그것은 '여성 통치
자'(Herrscherin)를 뜻하는 여왕(ἄνασσα)에 상응한다"(89). 새로운 자
료들은 FOERSTER의 결과를 상세하게 확증해준다. ThWNT III,
1038-1056에서 계속되고 있는 자료를 보라.

29. A. D. NOCK, Essays, II, 799: "파피루스에 있는 하나의 가능한 예를
제외한다면 사라피스 자신의 신비주의에 관한 언급은 전혀 없다." 참
조, 가장 전문적인 판단은, P. M. FRASER, Ptolemaic Alexandria,
1972, I, 265 und II, 419 Anm. 620을 보라: 또한 NOCK에 의해 언급

제의의 전형이 되지 못했으며, 이에 더하여 우리가 주후 1세

된 파피루스(PSI Nr. 1162, 주후 3세기)는 신비주의에 관한 어떤 암시도 포함하고 있지 않다. DERS., *Opuscula Atheniensia* 3, 1969, 4 Anm. 1을 보라. 더욱이 주의해야 할 것은 프톨레마이오스 때 처음으로 만들어진 신은 제정 시대 초에 이집트 밖에서 그 중요성을 상실했다는 점이다. 주후 69년 알렉산드리아의 베스파시아누스의 즉위를 통해서, 그리고 나서 하드리아누스를 통해서 그 중요성이 다시 부상했고, 주후 3세기에 보편 신(Allgott)으로 전성기를 맞이했다. 사라피스 신비주의에 대한 매우 드문 언급들은 후대의 것이고 진술의 진정성에 대해서는 논쟁이 되고 있다. 추정컨대 사라피스는 오시리스와 동일시됐고, 그리고 주후 1세기 이래로 증명될 수 있는 이시스 신비주의와 관련해서만 이따금 신비주의 신이 됐을 것이다. 이에 대해서는, L. VIDMAN, *Isis und Sarapis bei den Griechen und Römern*, RVV 29, 1970, 126ff. 그리고 DERS., *Sylloge inscriptionum religionis Isiacae et Sarapiacae*, RVV 28, 1969, Nr. 758 = 주후 3세기 포르투갈에서 유래한 CIL II, 2395c을 보라. 주후 2세기 Nr. 326 Prusa와 Nr. 295 Tralles는 확실하지 않다. 엘레우시스의 에우몰피드 티모테오스가 제의 창설에 관련됐다는 것(Tac., hist. 4,83 und Plutarch, Is. et Os. 28 [362A])은 그 신비주의적 성격의 증거가 되지 못한다. 이시스(와 오시리스) 신비 의식이 수행될 수 있었던 장소들의 수나 신비주의자들의 수가 과대평가되어서는 안 된다. 그것은 "상류 모임"에 관한 것이었다. "제정 시대 동방의 모든 신비 종교에 있어서 신비 의식들이 매우 값비쌌기 때문이다"(VIDMAN, Isis und Sarapis 127). 아풀레이우스가 겐그레아와 로마에 대해 묘사했던 것처럼, "이러한 신비주의적인 행사를 열 수 있었던, 많은 사제들을 가졌던 잘 정비된 신전에서만 장엄한 봉헌이 이루어질 수 있었다"(op. cit. 131). 또한 사라피스 비문들 및 시리아, 페니키아, 팔레스타인의 고고학적 증거들이 상대적으로 적은 것은 우연이 아닐 것이다. S. L. VIDMAN, Sylloge 180ff.와 G. J. F. KATER-SIBBES, *Preliminary Catalogue of Sarapis Monuments*, Leiden 1973, 76ff. 이시스 제의에 관해서도 유사하다. F. DUNAND,

기 시리아의 신비 제의에 대한 증거를 거의 가지고 있지 않

Le culte d'Isis dans le bassin oriental …, Leiden 1973, III, 122ff.: 이 시스 제의(와 사라피스 제의)의 확산은 아주 이례적으로 제정 시대에 가서야 확인 가능하다. "팔레스타인에서는 해안이든 내륙이든 이시스 제의의 흔적이 매우 드물다"(132). 로마와 이탈리아에서의 상황은 다르다. 이에 대해서는 M. MALAISE, Les conditions de pénétration et de diffusion des cultes égyptiens en Italie, 1972. 그러나 여기서도 그 집중적인 확산은 플라비우스 왕조 때가 되어서야 시작한다: 407ff. 시리아와 팔레스타인에서 발굴된 약간의 이시스 비문들에 대해서는 다음을 보라. L. VIDMAN, Sylloge 181-186. 거기에 신비주의에 관한 언급은 들어 있지 않다; "퀴리오스/퀴리아"라는 단어는 하나의 아르테미스 비문에만 나타나는데, 이때 3-4회는 황제를, 2회는 거라사의 도시 여신(κυρία πατρίς)을 지칭한다. 즉, 신비주의 신들과 관련해서는 등장하지 않는다. 사라피스가 이따금 '퀴리오스' 칭호로 불리는 것은 그가 아스클레피오스와 비슷하게 구원의 신, 꿈의 신, 신탁의 신으로서 자신을 믿는 신자들과 인격적인 관계를 가졌다는 사실과 관련된다. 기독교 공동체 내에서 '퀴리오스' 칭호가 주어졌을 때에도 이와 같았다. 그렇지만 올려지신 분과의 인격적 관계가 이교적인 이방 제의와 관련된다고 할 수는 없다. 이후에 이방 기독교인들의 특징만을 보이는 헬레니즘적 선교 공동체 내에서 개종자들이 '주 예수'라는 칭호에서 새로운 종류의 신-제의를 염두에 두었을 수 있다는 사실은 별개의 문제다. 예컨대, 그것은 고린도에서는 가능한 일이었고, 그렇기에 어떤 집단에게 있어서는 그럴 법한 오해를 낳았지만, 이는 분명히 '바울 이전의 선교' 및 '바울의 초기 선교'의 현상으로 간주되지는 않는다. 그러한 초기에 이 집단들로부터는 어떤 신학적인 영향이 거의 나타나지 않았다. 이에 비해 유대 그리스도인들 또는 하나님을 경외하는 자들로부터 나온 영향은 너무나도 강력했다. 이 문제에 관해서는, J. WEISS, Das Urchristentum, 1917, 26ff. 117f. 128f. 186f.에서 이미 다루어졌다.

다는 사실을 인지한다면(본서 §5.2.1), 예수를 향한 존경 어린
칭호, 곧 '랍비'(rabbi)나 '마리'(mari, "나의 주")로부터 '퀴리오
스'로 완전히 발전되기까지의 과정에, '하나님의 아들' 칭호
의 발전 과정과 동일한, 엄격한 내적 일관성이 있음을 확인
할 수 있다.[30] 일반적으로 기독론의 발전에 가장 중요한 구약
의 증거 구절인 시편 110:1은 여기에서 아주 결정적인 역할
을 한다.[31] 필론 역시 『꿈에 대하여』(somn. 1,157)에서, 야곱이
꿈에서 하늘-사다리 위에 있는 "주"(kyrios)를 보았는데(창
28:13), 이는 "대천사"(Erzengel) 곧 로고스를 의미하며, 하나님

---

30. F. HAHN, op. cit. 74ff.; M. HENGEL, Nachfolge und Charisma 46ff.,
   참조, 본서 제5장 각주 54번: 메타트론의 이름도 "그의 주와 같다".
   Philo에 따르면 '퀴리오스'(κύριος)라는 이름은 하나님의 특별한 능력
   (δύναμις)을 구체적으로 표현한 것이다. 참조, J. A. FITZMYER (본서
   제5장 각주 51번), 386ff.

31. H. WINDISCH는 W. HEITMÜLLER와 W. BOUSSET에 반대해서,
   Neutestamentliche Studien (본서 제5장 각주 57번), 229 Anm. 1에서
   다음과 같이 말했다: "어쨌거나 시 110편[본서 제5장 각주 11번을 보
   라—역주]은 하늘의 '퀴리오스'에 대한 최초기 기독교-바울의 가르침
   의 성서적 근거이기에 그것의 발생과 발전에 대해 진지하게 고려해야
   한다." WINDISCH는, 시 110:3이 바울에게 영향을 주어 메시아 사상
   을 잠 8:22의 지혜와 혼합하게끔 했다고 추측했다. 추측건대 그 단계
   는 이미 '바울 이전에' 또는 더 낫게 표현하자면 '바울 시대에' 그리스
   어를 구사하는 유대 그리스도인 공동체에서 이미 발생했을 것이다.
   나중에 랍비들이 시 110편을 아브라함과 관련된 것으로 본 것은 임시
   적인 문제 해결 방편의 일환이었다.

이 그러한 모습으로 자신을 드러내셨다고 이야기한다. 이때 필론은 계시의 중보자로서 "그의 가장 오래된 로고스"를 의미하는 본래의 호칭 '호 테오스'(ὁ θεός)와 이차적인(uneigentlichen) 단순한 '테오스'(θεός)를 구분 짓는다(1,228-230).

마지막으로 나는, 팔레스타인에서 쿰란 에세네파 사람들이 분명히 하나님 자신을 가리키는 구약의 구절들을 종말론적으로 해석하면서 하나님 곁에 있는 어떤 중보자이자 구원자의 모습을 가리키는 것으로 전용시킨 한 가지 예에 주목하려 한다. 이는 제11번 쿰란 동굴에서 발굴된 유명한 단편에 나타난다. 여기에서 빛의 대장이자 어둠의 상대자인 미가엘-멜기세덱은 모든 악한 세력에 대한 종말론적인 승리자로 나타나며, 레위기 25:8 단락에 기록된 구원을 위한 종말론적 희년—이사야 61:1에서의 해방 선포와 동일한(참조, 눅 4:17ff.)—을 가져오는 자로 나타난다.[32] 여기서 먼저 눈에 띄는 것은

---

32. A. S. VAN DER WOUDE, Melchisedek als himmlische Erlösergestalt in den neugefundenen eschatologischen Midraschim aus Qumran Höhle XI, OTS 14 (1965), 354-373; M. DE JONGE/A. S. VAN DER WOUDE, 11QMelchizedek and the New Testament, NTS 12 (1965/66), 301-326; J. A. FITZMYER, JBL 86 (1967), 25-41 = DERS., Essays on the Semitic Background of the New Testament, 1971, 245-267. 기초적인 연구는 다음과 같다. J. T. MILIK, Milki-ṣedeq et Milkî-reša' dans les anciens écrits juifs et chrétiens, JJS 23

이 쿰란 문헌에 나타나는 최고 천사의 모습이 창세기 14:18 단락에 분명하게 나타나는 살렘의 제사장-왕 멜기세덱, 말하자면 본래 인간이었던 등장인물과 동일시된다는 것이다. 그래서 히브리서에서 멜기세덱이 천상의 대제사장 그리스도의 모형으로 나오는 것은 우연이 아니다. 이 쿰란 단편에서 시편 82:1("하나님은 신들의 모임 가운데에 서시며 하나님은 그들 가운데에서 재판하시느니라")은 하나님께 대적하는 천사들에 대한 미가엘-멜기세덱의 종말론적인 심판으로 해석된다. 더욱 놀라운 것은 이사야 52:7("그가 시온을 향하여 이르기를 너의 하나님이 왕이 되셨다")에 나타나는 기쁜 소식의 고백을 하나님 자신이 아닌 그의 전권대사인 미가엘-멜기세덱에게 해당하는 것으로 보고 있다는 것이다. 하나님의 대신의 왕권은 하나님의 것과 동일하다. 그 본문은 '너의 하나님'에 대해 말하고 있는데, 밀리크(Milik)의 새로운 재구성에 따르면 이는 "그들을 벨리알의 손[에서] [구원할] [멜기세덱을] 의미한다."[33] 하나님의 전권대사인 미가엘-멜기세덱, 곧 빛의 천사 또는 군주는 어떤 본문에서는 '말키-레샤'(מלכי-רשע)로 불리는 "어둠의 군주" 벨리

(1972), 95-144. 참조, F. DU TOIT LAUBSCHER, JSJ 3 (1972), 46-51 및 J. ZIMMERMANN, Messianische Texte (본서 제5장 각주 51번), 389-412.

33. MILIK, op. cit. 98f. Z. 10 und 23-25에 있는 본문을 보라.

알에 대적하는 종말론적 승리자이며 **세 개의 이름을 가진 빛
의 군주**—곧, 모세의 아버지 암람의 환상에서는 '말키-쩨데
크'(מלכי-צדק)-미가엘—와 관련된다.[34] 마카비 시대의 하시딤
(Chasidim)과 그 이후 쿰란의 엣세네파에 나타나는 미가엘-멜
기세덱에 관한 이 독특한 의미는 종말론적 구원 중보자의 역
할을 통해 확증된다. 이러한 역할은 (1) "큰 군주" 미가엘이
이스라엘의 조력자로서 나타나 종말을 가져오는 내용이 담
긴 다니엘 12:1 이하에, (2) 더 나아가 바로 동시대의 작품인
「동물 묵시록」(에티오피아어 『에녹서』 90:14, 17, 20ff.)에, (3) 그리고
무엇보다도 하나님이 "천상적 존재이자 구원자"로 미가엘을
보내시는 내용이 담긴 『전쟁 문서』(Kriegsrolle)에 나타난다.

> 그리고 그는 영원한 빛에 거하는 미가엘의 통치의 목적을
> 위해, 강한(?) 천사의 능력을 통해 그가 구원한 무리에게 영
> 원한 도움을 보낼 것이다.[35] 이스라엘의 언약을 기쁨으로

---

34. J. T. MILIK, 4Q Visions de 'Amram et une citation d'Origène, RB
    79 (1972), 77-79. '말키-레샤'(מלכי-רשע)와 '말키-쩨데크'(צדק-
    מלכי) 둘 모두는 "아담의 모든 아들들/후손들에 대한 힘/권위를 가
    지고 있다." 그중 하나는 "모든 어둠을 지배"하고 다른 하나는 "모든
    빛과 [하나님께 속한] 모든 것을 지배"한다(fr. 2 Z. 5f.). 참조, 이와 관
    련해 유명한 본문인 1QS 3,18ff.를 보라.
35. מלאך האדיר ("천사의 능력")는 세 가지 다른 방식으로 번역될 수 있

비추기 위해서 말이다. … **신적인 자들**(אלים = "천사") **가운데**
미가엘의 통치를 높이도록, 그리고 이스라엘의 통치가 모
든 육체 위에 임하도록 하기 위해 말이다.[36]

다. 이에 관해서는 J. VAN DER PLOEG, Le rouleau de la Guerre,
Leiden 1959, 177을 보라. A. S. VAN DER WOUDE와 더불어 나는
האדיר를 그 뒤에 나오는 למשרת מיכאל를 지칭하는 히필(Hiphil)
형태로 해석한다: "그는 미가엘의 통치를 영광스럽게 한다." 그것이
선행하는 무관사 명사와 관련되는 형용사로서의 의미를 가질 가능성
은 적다. 그런 해석은 미쉬나 히브리어에나 가서야 가능하다.

36. 1QM 17,6ff. 쿰란에서의 미가엘의 역할에 대해서는, Y. YADIN, The
Scroll of the War of the Sons of Light against the Sons of Darkness,
Oxford 1962, 134ff.; O. BETZ, Der Paraklet, AGSU 2, 1963, 64ff.
149ff.를 보라. 여기서 기독론과의 관계, 특히 요한의 중보자/성령
(Parakleten)과의 관계가 드러난다. הרים("높이다")이라는 단어는 신
약의 (ὑπερ)ὑψοῦν에 상응한다. 참조, 빌 2:9. 천상의 중보자와 구원자
모습을 가진 미가엘-멜기세덱의 의미에 관해서는, J. T. MILIK, JJS 23
(1972), 125을 보라: "מלכי-צדק는 피조된 천사, 혹은 미가엘과 동일
시될 수 있는 선한 영혼들의 지도자 그 이상이다(네덜란드 편집자들
이 올바르게 지적한 것처럼 말이다). 그는 실제로 신의 위격을 가지고
있으며, 즉 그는 초월적 신으로서 세상에서 행동하며, 신 자체로서 인
간에게 가시적으로 나타난다. 그는 신과 구별되는 피조된 천사가 아
니다(출 23:20)." 여기에 필론과의 흥미로운 관계가 엿보인다. 필론은
agr. 51에서 출 23:20의 사자가 하나님의 "**올바른 이성, 첫째 아**
들"(τὸν ὀρθὸν αὐτοῦ λόγον καὶ πρωτόγονον υἱόν), 곧 세상을 다스
리는 "큰 왕의 장관"과 같이, 하나님에 의해 임명됐다고 해석한다. 참
조, 또한 migr. Abr. 174을 보라.

더 나아가 고대 슬라브어로 된 『에녹서』를 참고할 수도 있다. 여기에서 멜기세덱—분명 에녹의 후손이자 노아의 조카인—은 기적과 같은 방식으로 태어나 대제사장이 되고 미가엘에 의해 에덴으로 홀연히 옮겨지는데, 이를 통해 우리는 적어도 그리스어권 유대교에서 처녀 출산 개념이 완전히 낯선 것이 아니었음을 확인할 수 있다.[37] 반면 필론은 창세기 14:18-19에 나타나는 살렘의 제사장-왕을 "제사장의 로고스"(leg. all. 3,82)로 해석했다. 멜기세덱을 천사로 해석하는 교부들의 증거 역시 유대교 전승들에 뿌리를 두고 있는 것으로 볼 수 있다. 특히 히폴리투스와 에피파니우스에 의해 묘사되는 영지주의적 멜기세덱파(Melchisedekianer: 3세기 초 멜기세덱을 천상의 존재로 여긴 기독교의 한 분파—역주) 역시도 히브리서 해석에서 기인한 것이 아니라 유대 전승에 뿌리를 두고 있는 것으로 보인다. 그들은 다른 것들 중에서도 특히 "멜기세덱은 그리스도보다 위대했으며 그리스도는 단지 그의 형상을 대변했을 뿐이다"(Hipp., ref. 7,36)라고 주장했다. 후에 랍비들이 멜기세덱의 모습을 부분적으로 평가절하하고 시편 110:1, 4

---

37. A. VAILLANT, Le livre des secrets d'Hénoch. Texte slave et traduction française, Paris 1951, 69ff. (cap. 22 und 23). 이 이야기에는 기독교의 경향성이 전혀 나타나지 않는다. 기독교의 양상인 동정녀 탄생이 구약의 모습에서 유래했을 법하지도 않다.

을 더 이상 메시아가 아니라 아브라함에 대한 것으로 해석했
던 것은 반-기독교적/반-영지주의적 논쟁의 결과였다. 하나
님의 아들과 히브리서에 나타난 제사장-왕 사이의 모형론적
관계는 이처럼 상이한 유대 그룹들 사이의 하가다적 해석을
통해 마련됐을 것이다.[38]

---

38. 참조, G. WUTTKE, Melchisedech der Priesterkönig von Salem,
BZNW 5, 1927, 18ff. 27ff.; G. BARDY, Melchisédech dans la tradition
patristique, RB 35 (1926), 496ff.; 36 (1927), 25ff.; J. A. FITZMYER,
Essays (본서 제6장 각주 32번), 221ff. 245ff.; M. DE JONGE/A. S.
VAN DER WOUDE, op. cit. (본서 제6장 각주 32번); O. MICHEL,
Der Brief an die Hebräer, KEK 13^{12}, ^{6}1966, 257f.

제7장
히브리서가 말하는 하나님의 아들:
십자가에 달린 자와 높여진 자

    물론 신약의 기독론은 높여진 분이 처음부터 **모든 천사 위에** 있었던 것으로 묘사한다는 점—특히 선재하는 하나님의 지혜와 밀접하게 연결하여—에서 대부분의 유대 문헌들과 크게 다르지 않다. 그래서 실질적인 **천사 기독론**은 단지 유대 기독교 환경의 변두리에서만 의미를 가질 수 있었다. (신약의 기독론은) 이미 쿰란의 멜기세덱 본문에서 유대교의 천사론(Angelologie)을 근본적으로 넘어섰다. 물론 마르틴 베르너(Martin Werner)는 자신의 대작 『기독교 교리의 발흥』(Die Entstehung des christlichen Dogmas)에서 초기 기독교의 '천사 기

독론'의 역할을 매우 과대평가한 바 있다.[1]

히브리서는 선재했고 높여진 아들을 천사들로부터 근본
적으로 분리시키고 그를 아버지와의 관계성 안에서 천사들

---

1. Bern/Tübingen [1]1941; [2]1953, 302ff.; 이에 반하여, W. MICHAELIS,
   Zur Engelchristologie im Urchristentum, AThANT 1, 1942. 참조, J.
   BARBEL, Christos Angelos, Diss. Bonn 1941; H.-J. SCHOEPS,
   Theologie und Geschichte des Judenchristentums, 1949, 80ff.; R. N.
   LONGENECKER, Early Christological Motifs, NTS 14 (1967/68),
   528ff.『헤르마스의 목자』와 같이, '사도 후기' 시대에 '천사 기독론'이
   라는 특정 모티프가 퍼진 것은 주로 신학적 반성의 몰락과 밀접히 연
   관된다. 참조, 이와 관련하여 다음을 보라. L. PERNVEDEN, The
   Concept of the Church in the Shepherd of Hermas, Studia
   theologica Lundensia 27, 1966, 58ff.: 하나님의 아들과 미가엘. 기독
   교 이전에, 유대인의 영향을 받아 천사 숭배가 있었던 특정 환경에서,
   예컨대 프리기아와 같은 곳에서, 사람들은 '천사 혼합주의'(Engelsyn-
   kretismus)에—골로새서가 보여주듯이—특히 열려 있었다. 참조, L.
   ROBERT, in: Hellenica 10 (1959), 434 Anm. 2 und CRAI 1971, 613f.
   또한 천사나 위격에 관한 사변(Hypostasenspekulation)을 담고 있는
   유대교의 외경이 초기 기독교의 대중의 경건에 미친 영향도 염두에
   두어야 한다. 예, C. COLPE, JAC 15 (1972), 8ff. 나그 함마디(Nag
   Hammadi)의 Cod. VI에 나타나는 『베드로 묵시록』에서 예수는 제자
   들에게 일종의 치유 천사의 모습으로 나타난다. 유대 그리스도인 집
   단의 "전통적인 천사 민속학"(angestammte Engelfolklore)은 "이제 천
   사 기독론으로 존재하게 됐다"(op. cit. 10f.). 그러한 흔적들은 오리게
   네스에게까지 거슬러 올라갈 수 있다. 초기 기독교의 신학적 반성은—
   유대-묵시론적 천사론의 다양한 이미지 세계와는 달리—내적 일관성
   을 가지고서 아버지와 아들의 계시의 통일성을 바탕으로 그리스도의
   신성에 이르는 길을 걸었다.

보다 높은 위치에 놓으면서, 전적으로 더 오래된 최초기 기독교 전승을 논거로 제시한다.

> 그는 하나님의 영광의 광채이며(참조, 솔로몬의 지혜 7:25-26),
>
> 그의 존재의 형상이다.
>
> 그는 능력의 말씀을 통해 모든 것들을 운행하시며,
>
> 죄들을 깨끗하게 하시고,
>
> 높은 곳에 계신 위대하신 분의 우편에 앉으셨다.
>
> 그는 천사보다도 더욱 뛰어나게 되셨고
>
> 그들보다도 더 우수한 지위를 상속하셨다.
>
> (하나님이) 천사들 중 어느 누구에게 이렇게 말을 했던가?
>
> "너는 나의 아들이다. 오늘 내가 너를 낳았다."
>
> 그리고 또, "나는 그에게 아버지가 되고
>
> 그는 나에게 아들이 될 것이다."
>
> 그가 맏아들을 세상으로 다시 인도하실 때 이렇게 말씀하셨다. "하나님의 모든 천사들은 그에게 경배해야 한다!"[2]

2.　히 1:3-6. 히브리서의 기독론과 구원론-인류학적 해석에 관한 논쟁은 다음을 보라. E. GRÄSSER, in: Neues Testament und christliche Existenz. Festschrift für Herbert Braun, 1973, 195-206. 히브리서의 도입 구절에 관한 해석을 위해서는, DERS., in: EKK. Vorarbeiten 3, 1971, 55-91을 보라. 천사보다 우월함의 개념은 『클레멘스1서』 36,2와 비교

이 문맥에서 우리는, 유대교 역시 아담 창조와 관련하여, 이스라엘에게의 율법 수여와 관련하여, 또한 에녹-메타트론, 모세, 순교자-대제사장인 이슈마엘 벤 엘리샤와 같이 구원사에 나타나는 특정 인물들의 천상 여행과 하늘로 올려짐과 관련하여, 우월한 인간 아래에 놓인 천사의 질투 모티프가 가능했다는 사실에 주목할 필요가 있다. 후대의 랍비 전승에 따르면 의인은 "천사보다 위대하다. 천사는 두려움 없이—의인처럼—하나님의 음성을 들을 수 없기 때문이다. 가브리엘

하라. 내 생각에 『클레멘스1서』는 히브리서에 대한 지식을 이미 가지고 있었던 것 같다. 약간 더 후대의 『헤르마스의 목자』는 1세기 말에서 2세기로 넘어가는 시점에 로마에서 그리스도와 천사 사이의 관계에 대한 물음이 첨예하게 일어났음을 보여준다. G. THEISSEN, Untersuchungen zum Hebräerbrief, StNT 2, 1969, 120ff.의 의견과는 대조적으로, 우리는 히브리서에서도, 특히 필론에게서도 "영지주의적 개념"을 전제하지 않는 것이 좋다. "영지주의적"이라는 용어가 더욱 후대의 영지주의와 관련해서 명료하게 정의되지 않는다면 말이다. "영지주의적"이라는 용어의 무분별한 사용 또는 더 정확하게 말하자면 오용은 우리의 정신을 혼란스럽게 할 뿐이다. 오히려 다음을 보라. O. HOFIUS, Katapausis, WUNT 11, 1970의 종교사적 상세한 연구 및 DERS., Der Vorhang vor dem Throne Gottes, WUNT 14, 1972. 후자는 히브리서의 다층적인 유대교 배경을 명료하게 제시한다. 주후 70년 이전에는 '정통적' 유대교와 '이교적' 유대교 사이의 구분이 아직 존재하지 않았다.

천사는 제자가 스승을 따르듯 다니엘과 그 친구들을 따라다 녔다."³ 물론 최초기 기독교의 높은 기독론(Erhöhungschris- tologie, "고기독론")은 대담한 기독론적 사고 과정으로 이 모든 중간 단계들을 훌쩍 건너뛰었다. 히브리서 1:1 이하에 나타나 는 해석에 기본적으로 빌립보서 2:6-11의 기독론적 윤곽이 더욱 구체화되어 있다는 E. 로마이어(Lohmeyer)의 강조는 전 적으로 옳다. 곧, 여기에 "하나님과의 동등성 사상이 [더욱 분 명하게] 나타난다. 이 사상은 '신적 본체를 지닌 존재'(Sein in göttlicher Gestalt)라는 어구에 여전히 숨쉬고 있는 불확실성으 로부터 해방하여 '아들' 용어의 형이상학적 확실성으로 인도 해준다." 천사보다 뛰어난 아들의 존재(히 1:4)는 "하늘에 있 는 자들"을 예수의 이름 앞에 무릎 꿇게 한다는 진술(빌 2:10- 11)과 일치한다. 하지만 "만물의 상속자"(히 1:2; 참조, 1:4b)는 높 여진 주(Kyrios)시다. "이렇게 히브리서에 나타나는 '아들'의 신적 속성은 이를테면 첫 부분부터 확고하다. 이것은 바울이 인용했던 빌립보서의 찬가—오로지 그리스도의 형이상학적

---

3.   R. MACH, Der Zaddik in Talmud und Midrasch, Leiden 1957, 110; 참조, P. SCHÄFER의 교수 자격 논문(Habilitationsschrift), Rivalität zwischen Engeln und Menschen. Untersuchungen zur rabbinischen Engelvorstellung, Studia Judaica 8, 1975.

인 실체만 명시되어 있는—와 동일한 관점을 가지고 있다."[4]
이때 결정적인 것은, 저주의 나무 위에서의 수치스러운 죽음
에 이르기까지의 비하/굴욕—고대의 유대인이나 그리스인들
에게 있어서 매우 거리끼는 것이었던(고전 1:18ff.)—이 끊어지
지 않고, 더욱 무자비한 방식으로 계속 나타난다는 것이다.
히브리서의 주제는 매우 다양하지만 기본적인 것은 바로 죄
를 대속하는 아들의 고통이다. 시험을 받거나(2:18) 통곡과 눈
물로 기도한 것(5:7)도 감추지 않는다. "그는 십자가의 고통과
경멸스러운 수치를 참으셨다"(12:2). 키케로가 베레스에 대한
두 번째 반박문(5,165)에서 십자가형을 "가장 잔인하고 혐오스
러운 형벌"(crudelissimum taeterrimumque supplicium)로 언급했던
것은 우연이 아니다.[5] "그러므로 예수도 자신의 피로 백성을
거룩하게 하기 위해 성문 밖에서 고난을 받으셨다. 그렇기에
우리도 **그의 치욕을 짊어지고** 영문 밖으로 그에게 나아가
자"(히 13:12-13).[6] 히브리서 전체를 이미 빌립보서 찬가에 놓여

4.　E. LOHMEYER, Kyrios Jesus. Eine Untersuchung zu Phil 2,5-11, 1928
　　(Nachdruck Darmstadt 1961), 77f.

5.　이에 관해서는, M. HENGEL (본서 제3장 각주 19번), 129f. 149ff.를 보
　　라.

6.　Op. cit. 133ff. 초기 기독교의 가현설에 대해서는, P. WEIGANDT, Der
　　Doketismus im Urchristentum und in der theologischen Entwicklung
　　des zweiten Jahrhunderts, Diss. theol. (masch.) Heidelberg 1961 및 G.

있었던 기독론적 주제가 위대하게 전개된 것으로 여기고 싶
을 정도다. 하나님의 아들 되심과 높여진 아들의 선재가 특
별히 부각되는 바로 그곳에서 동시에 그분의 치욕스러운 수
난이 중점에 놓인다는 것은 독특하다. 이러한 현상은 바울과
히브리서 저자 및―또 다른 형태로서―두 번째 복음서(막
15:39)와 네 번째 복음서(요 19:5)에 나타난다. 하나님의 아들의
"영광"은 십자가의 수치와 분리될 수 없다. 네 번째 복음서
저자는 이 사상을 고전적인 형태로 묘사했다. 곧, 십자가에
달린 자가 높여진 자라는 것이다(요 3:14; 8:28). 반대로, 그리스
어를 사용했던 누가가 선재하는 하나님의 아들 기독론 및 십
자가의 구원 의미와 모두 거리를 두고 있는 것은 우연이 아
니다. 고대 교회의 기독론을 둘러싼 긴장감 넘치는 투쟁은
이 역설적인 변증법에서 완전히 벗어날 수 없었다. 여전히
주후 6세기에도 콘스탄티노플에 있었던 스키타이 수도사들
은 의견이 분분했던 '하나님-고난' 형식(unus ex trinitate passus
est carne, "삼위일체 중 하나가 육체로 고통을 받았다")을 받아들이느

RICHTER, NovTest 13 (1971), 81-126; 14 (1972), 257-276. 후자의 책
에 담긴 주장, 곧 네 번째 복음서에서 본래 가현설이 유래했다는 가설
및 요 1:14-18에 있는 반가현설적(antidoketischen) 편집자에 관한 가
설은 너무 사변적이다. 가현설은 그리스에 뿌리를 두고 있으며 이는
대중철학의 영향을 암시한다.

냐를 두고 논쟁을 벌였다. 파르메니데스(주전 5세기 그리스 철학자—편주)의 존재적 사유를 지향하고 있는 전통적인 그리스식 신 개념에 있어서, 선재하는 아들의 고난 개념은 견딜 수 없이 거리꼈던 것이었고, 여전히 거리끼는 것으로 남아 있었다. 그래서 '신학적으로 발전했던' 주후 2세기의 식자들도 견딜 수 없는 이 역설적인 기독론 고백에 직면하여 영지주의적인 가현설(Doketismus)로 도피했다. 이것이 바로 주후 2-3세기에 교회에서 영지주의 사상이 성공할 수 있었던 하나의 주요한 이유였다.

제8장
신학적 추론

우리는 하나님의 아들 칭호를 근거 삼고 동시에 종교사적 배경을 비춤으로써 주후 약 30-50년 사이의 어두웠던 첫 20년 동안의 기독론 발전을 더욱 잘 이해하려고 노력했다. 그러면서 이러한 '조망'을 가지고 우리의 연구 범위를 훌쩍 넘어섰다. 이때 에녹-메타트론으로부터 지혜와 로고스를 거쳐 미가엘-멜기세덱에 이르기까지 다양한 유대 중보자/구원자 개념과 마주했다. 이 개념들 사이에서 유사점들과 근본적인 차이점들이 드러났다. 종교사에서 유사점을 발견하는 일은 동시에 최초기 기독교에서 발생했던 새로움과 거리감에 대한 우리의 인식을 선명하게끔 해준다. 고대 유대교는 적대적인 세계 안에 나타난 **한 분**이신 하나님의 계시의 유일성과 선택된 이스라엘 백성 이야기를 다루기 위하여 다양한 형태의 중보자 개념을 사용할 수 있었다. 이 중보자의 모습들은 하나님의 모습과는 구분됐지만 밀접히 관련되는 부분도 있었다. 이들은 종말론적인 최후 사건들 안에서 특별한 의미를 가지고 있었다. 기독교가 발생한 이후에 유대교가 이 표현 형태들을 부분적으로 축소시킨 것은 이해할 만한데, 이는 기독교와 영지주의적 '이단들'을 논박하기 위하여 경계를 그을 필요가 있었기 때문이다. 그렇지만 이후의 유대교 신비주의는 이 형태들이 완전히 포기될 수 있거나 포기가 장려되어야 한다고 생각하지 않았음을 보여준다. 유대교의 헤칼로트 (Hekhalot)와 메르카바(Merkaba) 문서들에 대한 연구가 초기 기독교의 기독론에 얼마나 큰 의미가 있는지는 여전히 갈 길이 먼 문제다. 빌러벡(Billerbeck)은 자신의 엄청난 주석에서 이 문서들을 아쉽게도 간과했고, 오데베르크의(Odebergsche) 요한복음 해설은 아직 완성되지 않았으며, 유대 연구 분야에서도 저 문서들의 중요성은 변증적인 이유로 흔히 과소평가됐기 때문이다.[1]

---

1. 본서 제7장 각주 2번에 기록된 O. HOFIUS의 두 작품은 위 저서들이 신약을 살펴보는 데 풍성하게 사용될 수 있음을 보여주는 훌륭한 예

태고의/종말의 계시와 구원 중보자에 관한 유대교의 언어와 개념 형태는 최초기 기독교로 하여금 예수의 설교, 행동, 요구를, 예수가 하나님의 종말론적-메시아적 사자이며 하나님과 특별한 관계를 가지고 있고 선포된 구원이 가까이 온 것으로, 그리고 수치스러운 죽음 및 높여짐으로 해석된 **부활은 유일하고도 '종말론적인' 구원 사건**으로 필연적으로 해석하고 선포하게끔 했다. 예수를 통해 하나님의 구원 계시를 드러냈던 최초기 기독교의 묵시론적 전체 틀은 처음부터 기독론의 발전을 다른 여지없이 그 방향으로 향하도록 밀어붙였다. 그 목표는 하나님의 자기 고지(Selbstmitteilung), 곧 메시아 예수 안에서 말씀하고 행동하신 바를 더할 나위 없이 전적으로 궁극적인—'종말론적인'—형태로 명시하는 데 있었다. 이 발전의 뿌리는 이중적이다. 하나는 예수의 메시아적 전권 주장으로서, 하나님의 통치가 가까이 왔음을, 곧 아버지의 구원하시는 사랑을 모든 잃어버린 자들에게 선언하신

다. J. STRUGNELL, The Angelic Liturgy at Qumran …, Congress-Volume Oxford 1959, VT Suppl. 7, 1960, 318ff.에 의해 출간된 저 두 작품은 천상의 메르카바식 사변(Merkaba-Spekulation)이 이미 쿰란에서 기독교 이전 시대에 전제됐을 수 있다는 것을 보여준다. 안타깝게도 G. SCHOLEM의 방대한 작품은 신약 주해를 하는 데 너무나도 적게 활용되고 있다.

것이며, 또 다른 하나는 하나님이 십자가에 달린 메시아 예수를 일으키셨다는 제자들의 확신이다. 그들은 예수를 단순히 양자 기독론이나 새로운 율법 수여자로 이해하는 데 머무를 수 없었다. 이는 옛 언약 안에 있는 이스라엘 백성뿐 아니라 하나님의 창조 및 태곳적 행위가, 예수 안에 있는 결정적이고 종말론적인 계시와 분리되는 오해를 야기할 수 있었기 때문이다. 초기 기독교 공동체들은 기독론적 사상에 관한 정확한 결론을 가지고 **하나님의 완전한 계시**, 곧 예수 그리스도 안에 있는 **완전한/전체적인 구원**에 관심을 가졌는데, 이 구원은 다른 사건들과 나란히 오는 어떤 하나의 '구원사적 에피소드'로 남아 있을 수 없었다. 하나님 자신이 충만한 사랑을 예수 안에 담아서 인류에게 오셨다. 널리 퍼진 견해에 따르면 겉보기에 매우 거리껴지는 '신화론적'인 형태의 하나님의 아들 기독론 및 선재 기독론은 혼합주의적-신화적 사변의 위험을 극복할 길을 열어 주었다. 정확히 '탈신화화'에 관심을 두었던, F. 슐라이어마허(Schleiermacher)와 R. 불트만 같은 학자들이 가장 크게 발전한 요한복음 기독론에 끌렸던 것은 우연이 아니다.

최초기 기독교 공동체는 예수 안에 나타난 바, 인간 측에서 근거를 제시할 수 없는 하나님의 사랑의 계시를 진술함에

있어서, 이것이 선교의 메시지로서, 곧 '유대인들과 그리스
인들'을 향한 '복음'으로서 선포될 수 있도록, 놀랄 만큼 **빠**
르게 기독론을 만들어 냈다. 그런 기독론 안에서 이 예수는
옛 언약의 약속을 성취하는 분이자 유일한 구원의 중보자이
며 또한 하나님의 계시를 태초부터 이루는 **어떤** 분으로 나타
난다. 예수를 하나님의 아들이자 하늘의 모든 권세들 **위의**
주님으로 높이고 '아버지의 우편에' 앉힘으로써 신화화의 위
험에 대한 문과 입구는 열린 것이 아니라 오히려 닫혔다. 그
런 (신화화의 위험이 열린) 현상은 후기 영지주의에 나타난다. 거
기서 그리스도는 신화적인 사변들을 통해 유출된 **많은 신들**
과 중간 존재들(Zwischenwesen) **중 하나**로 격하되곤 했다. 그런
기독론적 발전을 통해서 십자가의 거리낌은 제거되기보다
오히려—고대인에게 있어서—거침없이 증폭됐다. 십자가에
서 처형된 의인들이 고대 세계에 많이 있었을 수 있다. 예컨
대, 고대의 지식인들은 플라톤의 『국가론』(Politeia, 361e)에 나
오는 실례를 알고 있었다. 그렇지만 유대인에게 있어서나 그
리스인들에게 있어서 십자가에 달린 하나님의 아들이란 들
어본 적 없는 부당한 개념이었다.[2] 이 아들은 완전한 행위와

---

2.   Euseb, h. e. 2,23,12에서 헤게십포스는 이렇게 말한다: ὁ λαὸς πλα-
     νᾶται ὀπίσω Ἰησοῦ τοῦ σταυρωθέντος ("그 백성이 십자가에 달린 예

사랑에 있어서 아버지와 하나였기 때문에 두 신 숭배 사상 (Ditheismus)조차 끼어들 틈이 없었다(요 3:35; 8:19, 28, 42; 15:15; 참 조, 1:18; 10:30; 17:11; 21-26). 그는 마지막 때에 완전한 복종 가운 데 만물을 아버지에게 넘겨줄 것이다(고전 15:28). 그래서 그는 인류의 자기 구원의 상징이 될 수도 없었다. 현대 교의학이

수를 따라 길을 벗어났다"). 그리고 Justin, dial. 10,3에 나오는 유대인 트뤼폰의 반박을 보라: "그렇지만 우리는 … [어찌하여] 너희가 십자 가에서 처형된 사람에게 희망을 두는지(참조, 8,3), 그리고 어찌하여 너희가 하나님의 계명도 지키지 않으면서 그에게 선한 것을 기대하는 지 … 이해할 수 없다." 90,1: "그렇지만 너는 그가 [어째서] 그렇게 수 치스럽고 불명예스러운 죽음으로, 법적으로 저주받은 죽음으로 십자 가에서 처형되어야 했는지 우리에게 증명해야 한다"; 137,1ff.와 Altercatio Simonis Judaei et Theophili Christiani 2,4, ed. HARNACK, TU 1, 1883, 28f. 및 E. BRATKE, CSEL 45, 25f.에 더하여 E. BAMMEL, VigChr 26 (1972), 259ff.와 톨레도트 예슈에 나온 한 본 문을 보라. 헬레니즘 세계에서 나온 것으로는 "십자가에 달린 궤변론 자"(gekreuzigten Sophisten)와 그를 숭배하는 자들에 대한 루키아노 스의 조롱인, Peregr. 11 und 13을 보라. 더불어 켈수스의 비난(Orig., c. Cels. 2,9)과 팔라티누스(Palatin)에서의 십자가에 못 박힌 자에 대한 유명한 조롱을 보라. W. BAUER, Das Leben Jesu im Zeitalter der neutestamentlichen Apokryphen, 1909 (Nachdruck Darmstadt 1967), 476ff.에서는 십자가에서 처형된 예수에 대한 유대인과 이교도 의 논박을 들여다볼 수 있다: "수치스러운 나무 위에서 죽는 하나님, 또는 하나님의 아들이라니! 그것은 새로운 종교가 되기에 충분했 다"(477). 또한 본서 제3장 각주 19번, 제5장 각주 45번, 제6장 각주 5 번을 보라.

대립시켜 놓은 '위로부터의 기독론'과 '아래로부터의 기독론'의 구분은 신약 기독론의 방식(Weg)에 모순되는 잘못된 도식이다. 신약의 기독론은 하나님의 구원 행위와 인간의 응답 사이라는 불가분의 변증법 안에서 전개되는데, 거기서 모든 인간 활동에 선행하는 하나님의 뜻(Ja)은 그 길의(Weges) 끝이 아니라(요 1:14; 3:16) 이미 시작에 놓여 있다(눅 4:18 = 사 61:1; 막 2:17; 마 11:19; 눅 6:20). 기독교 공동체는 아버지와 영원히 하나로/공동체로 있는 아들 예수를, E. 블로흐(Bloch)가 의미한 바와 같이 스스로 하늘을 침노하여 인류를 위해 신적 가치를 쟁취한 '사람의 아들'—두 번째 프로메테우스와 비견되는—로 이해하지 않았다. 세상으로 보내져 "율법 아래"(갈 4:4) 복종하는 인간 존재가 되어 종의 죽음까지 당한 아들은 헤라클레스와 같은 종교적 영웅, 곧 인류의 수준(Selbsterziehung)을 새로운 단계로 격상시킨 자로 간주되지 않았다. 오늘날 부분적으로 기독교 전통 안에서는 당연히 신뢰받으면서, 부분적으로 외부인들에게는 너무나도 낯선 그런 '객관화'(Objektivationen)는 외형상 '신화론적'인 표현 때문에 이상하거나 심지어는 완전히 거리껴지는 것으로 보일 수 있다. 하지만 우리는 더 나은 이해를 얻기 위해 노력을 멈추어서는 안 된다. 겉으로는 학문적/과학적으로 보이지만 실제로는 그저 원시적

인 작업일 뿐인 '탈신화화'로 그런 진술들을 깎아내리는 것
은 이따금 지적 단순함과 게으름의 표시일 수 있다. 신학은
초월적인 메타포를[3] 동반한 '신화' 언어 없이 존재할 수 없으
며, 그렇기에 우리는 위대한 그리스 '신학자' 플라톤의 예를
통해 배우는 것이 좋다. '하나님의 아들'은 고정된, 상실될 수
없는 기독교 신학의 메타포가 됐고, 그 메타포는 하나님의
존재 안에, 곧 모든 피조물을 향한 하나님의 사랑 안에 있는
예수의 기원, 그와 하나님의 각별한 관계, 그의 참 인간 됨
(Menschlichkeit)을 모두 전달한다.

기독교의 신앙 표현을 해석하는 것이 조직신학자들의 특
유하고도 불가피한 과제라는 사실은 잘 알려져 있지만, 나는
마지막으로 '하나님의 아들'에 관한 신약성서의 진술을 재고
하려는 시도를 위해 잠정적으로 몇 가지 제안을 하려 한다.

이는 다음과 같이 진술 가능하다.

1. 모든 사람들을 향한 하나님의 사랑이 한 사람, 나사렛
예수, 하나님의 사랑하시는 아들 안에서 최종적으로, 비길
수 없는 모습으로 나타났다.

---

3.   이에 대해서는 E. JÜNGEL, Metaphorische Wahrheit, in: P.
      RICOEUR/E. JÜNGEL, Metapher. Zur Hermeneutik religiöser
      Sprache, EvTh-Sonderheft 1974, 71-122; "하나님의 아들"에 대해서는
      특히 71. 73. 111ff. 118을 보라.

2. 이 사랑의 사건, 곧 우리의 구원은 인간의 내면적인 능력이 아니라 영원하신 하나님이 보내신 바 하나님의 존재와 뜻에 완전히 부합하는 예수를 전제한다.

3. 구약에 있는 하나님의 말씀, 곧 창조와 선택된 민족인 이스라엘의 역사 안에 나타난 그분의 계시는 택함 받은 메시아 예수를 가리키며 '아들'인 그의 안에서 성취됐다.

4. 십자가 위에서의 예수의 죽음과 부활은 하나님 자신이 인간의 죄와 죽을 운명을 받아들이셨음을 의미한다. 하나님은 인간 예수와 자신을 '동일시'하고 우리 모두를 위해 죄와 죽음을 이기셨다.

5. 하나님이 아들 안에서 자신을 나타내셨다는 것에 대한 믿음은 기쁨을 주는, '하나님의 자녀들이 가진 자유함'의 근거가 된다. 이 자유는 너무나도 제한된 세계에서 하나님의 무제한적인 '가능성'에 참여하는 것이자 또한 자신을 '가장 높은 존재'로 간주하는 인간에게 의존하지 않고—다행히도!—그보다도 완전히 하나님의 사랑에 속한 것으로 간주하는 미래에 참여하는 것이다.

마지막으로 다시 한번 사도 바울의 말을 들어보자.

무릇 하나님의 영으로 인도함을 받는 사람은 곧 하나님의

아들이라 너희는 다시 무서워하는 종의 영을 받지 아니하

고 양자의 영을 받았으므로 우리가 아빠 아버지라고 부르

짖느니라. (롬 8:14-15)